Découvrez des Jeux Gratuits en Ligne

Disponible Ici :

BestActivityBooks.com/FREEGAMES

5 ASTUCES POUR DÉMARRER !

1) COMMENT RÉSOUDRE LES MOTS MÊLÉS

Les puzzles sont dans un format classique :

- Les mots sont cachés sans espaces, tirets, ...
- Orientation : Les mots peuvent être écrits en avant, en arrière, vers le haut, vers le bas ou en diagonale (ils peuvent être inversés).
- Les mots peuvent se chevaucher ou se croiser.

2) UN APPRENTISSAGE ACTIF

Un espace est prévu à côté de chaque mots pour noter la traduction. Pour favoriser un apprentissage actif un **DICTIONNAIRE** à la fin de cette édition vous permettra de vérifier et étendre vos connaissances. Cherchez et notez les traductions, trouvez-les dans le Puzzle et ajoutez-les à votre vocabulaire !

3) MARQUEZ LES MOTS

Vous pouvez inventer votre propre système de marquage. Peut-être en utilisez-vous déjà un ? Sinon, vous pourriez, par exemple, marquer les mots qui ont été difficiles à trouver d'une croix, ceux que vous avez aimés d'une étoile, les mots nouveaux d'un triangle, les mots rares d'un diamant, etc...

4) STRUCTUREZ VOTRE APPRENTISSAGE

Cette édition vous offre un **CARNET DE NOTES** très pratique à la fin du livre. En vacances ou en voyage ou à la maison, vous pouvez facilement organiser vos nouvelles connaissances sans avoir besoin d'un second bloc-notes !

5) VOUS AVEZ FINI TOUTES LES GRILLES ?

Allez à la section bonus **CHALLENGE FINAL** pour trouver un jeu gratuit à la fin de cette édition !

Simple et Rapide ! Découvrez notre collection de livres d'activités pour votre prochain moment de détente et **d'apprentissage**, à juste un clic de distance !

Trouvez votre prochain défi sur :

BestActivityBooks.com/MonProchainLivre

À vos marques, prêts... Partez !

Saviez-vous qu'il existe environ 7 000 langues différentes dans le monde ? Les mots sont précieux.

Nous aimons les langues et avons travaillé dur pour créer les livres de la plus haute qualité pour vous. Nos ingrédients ?

Une sélection des thématiques d'apprentissage adaptée, trois belles parts de divertissement, puis nous ajoutons une cuillère de mots difficiles et une pincée de mots rares. Nous les servons avec soin et un maximum de plaisir pour vous permettre de résoudre les meilleurs jeux de mots mêlés qui soient et d'apprendre en vous amusant !

Votre avis est essentiel. Vous pouvez participer activement au succès de ce livre en nous laissant un commentaire. Nous aimerions vraiment savoir ce que vous avez préféré dans cette édition !

Voici un lien rapide qui vous mènera à la page d'évaluation de vos commandes :

BestBooksActivity.com/Avis50

Merci pour votre aide et amusez-vous bien !

De la part de toute l'équipe

1 - Adjectifs #2

```
B  L  A  T  B  A  G  E  B  P  N  V  P  E
U  E  N  X  V  B  E  E  F  X  A  G  T  L
W  K  R  A  T  S  S  E  F  O  T  F  C  E
R  R  V  Ü  Z  J  U  Q  V  Y  Ü  H  V  G
R  E  I  N  H  S  N  I  V  D  R  I  N  A
M  W  T  I  T  M  D  G  I  Z  L  A  S  N
M  H  A  Y  A  J  T  B  W  J  I  I  J  T
O  E  E  S  T  O  L  Z  X  L  C  I  W  E
J  Z  R  I  G  G  V  C  P  Q  H  N  C  A
V  N  K  D  S  P  R  O  D  U  K  T  I  V
B  A  F  Q  N  S  T  R  O  C  K  E  N  B
B  E  S  C  H  R  E  I  B  E  N  D  P  X
D  R  A  M  A  T  I  S  C  H  V  S  H  H
Q  I  N  T  E  R  E  S  S  A  N  T  V  S
```

BERÜHMT	INTERESSANT
HEISS	NATÜRLICH
KREATIV	NEU
BESCHREIBEND	PRODUKTIV
BEGABT	REIN
DRAMATISCH	GESUND
ELEGANT	SALZIG
STOLZ	WILD
STARK	TROCKEN

2 - Exploration

```
Q T S M R S E S I E R G A N
A U F R E G U N G N T E K E
I M U A R P V Q C T E F T U
U N B E K A N N T D R Ä I M
K U L T U R E N G E S H V M
S G E L Ä N D E E C C R I Z
W U D B A W Q N F K H L T Z
G I C J E T S R A U Ö I Ä I
Y L L H C Z E E H N P C T A
S R Y D E L T L R G F H J E
Z B E I M F J S E T U E C O
T I E R E W E P N J N X G V
S P R A C H E R C V G J R V
L T W O V S B E N I D V N L
```

AKTIVITÄT	UNBEKANNT
TIERE	SPRACHE
LERNEN	FERN
MUT	NEU
KULTUREN	GEFÄHRLICH
GEFAHREN	SUCHE
ENTDECKUNG	WILD
RAUM	GELÄNDE
AUFREGUNG	REISE
ERSCHÖPFUNG	

3 - Formes

```
D R E I E C K I U Y B K E E
P Y R A M I D E K C E E L Y
R U H D M F U E O W V G L Y
S E L B D S F T V V I E I S
F W C C M Z I C A W A L P E
S M V H U U K R I Ü P L S I
L Q R F T L H F P R O E E T
K R E I S E D R H F L B I E
F Q D W H G C O G E Y R N F
T Z N C Y U R K T L G E I K
M D I V R K U R V E O P L D
M G L K A N T E N P N Y V L
X O Y B O G E N Q B J H C C
R H Z Q U A D R A T V X C R
```

BOGEN	ELLIPSE
KANTEN	HYPERBEL
QUADRAT	LINIE
KREIS	OVAL
ECKE	POLYGON
KURVE	PRISMA
KEGEL	PYRAMIDE
SEITE	RECHTECK
WÜRFEL	KUGEL
ZYLINDER	DREIECK

4 - Adjectifs #1

```
Y U G S L K Y K E G P A A V
K F N R C C A K T I V T R A
H W R S O H F D Q S Y T O B
C G E T C S W H Q E J R M S
I L D I Y H S E S I L A A O
L G O G U N U Z R R L K T L
R N M M L E I L Ü Y Q T I U
H Ö D Ü N N V A D G G I S T
E H R G E I Z I G I I V C R
C C L A N G S A M Z G G H A
X S I D E N T I S C H I R G
J I P Y F U E X O T I S C H
O Q G E T J P E R F E K T P
W I C H T I G R K X U W P Y
```

ABSOLUT
AKTIV
EHRGEIZIG
AROMATISCH
ATTRAKTIV
SCHÖN
EXOTISCH
RIESIG
GROSSZÜGIG
EHRLICH

IDENTISCH
WICHTIG
UNSCHULDIG
JUNG
LANGSAM
SCHWER
DÜNN
MODERN
PERFEKT

5 - Instruments de Musique

```
U K E A P O S A U N E G G B
K L A K M A R I M B A I E A
T A N I R U B M A T Z T I N
R R Z N O H P O X A S A G J
O I G O C E L L O N I R E O
M N O M P E Z P V J Z R Z Z
M E N R K L A V I E R E M L
E T G A S C H L A G Z E U G
L T C H O G R P F H U L U F
U E R D P B C X S A A Q O U
E O L N Q J O R X R G R Y S
C O L U P W I E H Q G O F T
T R O M P E T E T Ö L F T E
M A N D O L I N E V R R B T
```

BANJO	MARIMBA
FAGOTT	SCHLAGZEUG
KLARINETTE	KLAVIER
FLÖTE	SAXOPHON
GONG	TROMMEL
GITARRE	TAMBURIN
MUNDHARMONIKA	POSAUNE
HARFE	TROMPETE
OBOE	GEIGE
MANDOLINE	CELLO

6 - Échecs

```
G E T K N U P X X Z K G Y D
D I A G O N A L P Q X B S N
F G G D N O I P M A H C J S
P E E V L O Y Q F D H N T B
K T G L E I P S P I E L E R
Ö A N S G W K F S K N Y Q E
N R E W E I S S E X O Y M W
I T R W R Y R X R R Z H C E
G S V T Q J X N E N R E L B
K Ö N I G I N K I T A U I T
Z X O M S G A L N C W W W T
M P Q C N S F U R R H D N E
Q C X Z O C A G U R C T V W
R L N M W H E P T M S I J D
```

GEGNER	PASSIV
LERNEN	PUNKTE
WEISS	KÖNIGIN
CHAMPION	REGELN
WETTBEWERB	KÖNIG
DIAGONAL	OPFER
KLUG	STRATEGIE
SPIEL	ZEIT
SPIELER	TURNIER
SCHWARZ	

7 - Herboristerie

```
G  R  Ü  N  G  F  S  G  B  P  W  J  A  K
C  K  N  M  A  E  A  O  M  E  I  B  R  N
Q  V  O  U  R  N  F  B  L  T  G  K  O  O
D  U  G  K  T  C  R  N  A  E  M  M  M  B
V  G  A  I  E  H  A  A  V  R  A  I  A  L
V  I  R  L  N  E  N  I  E  S  J  N  T  A
V  L  T  I  I  L  H  M  N  I  O  Z  I  U
S  C  S  S  G  T  K  Y  D  L  R  E  S  C
V  I  E  A  O  R  Ä  H  E  I  A  M  C  H
W  C  X  B  Z  E  S  T  L  E  N  U  H  V
V  O  R  T  E  I  L  H  A  F  T  L  R  Q
G  E  S  C  H  M  A  C  K  T  I  B  C  J
R  R  O  S  M  A  R  I  N  E  U  Q  R  A
K  U  L  I  N  A  R  I  S  C  H  Z  P  G
```

KNOBLAUCH
AROMATISCH
BASILIKUM
VORTEILHAFT
KULINARISCH
ESTRAGON
FENCHEL
BLUME
ZUTAT
GARTEN

LAVENDEL
MAJORAN
MINZE
PETERSILIE
QUALITÄT
ROSMARIN
SAFRAN
GESCHMACK
THYMIAN
GRÜN

8 - Véhicules

```
R  B  U  S  R  E  F  A  H  R  R  A  D  F
L  A  J  S  S  O  L  F  O  V  A  Y  D  L
H  H  K  N  R  T  L  L  Y  F  N  G  N  U
T  U  U  E  O  U  X  L  F  Ä  H  R  E  G
G  B  G  G  T  A  X  T  E  R  A  P  F  Z
A  S  A  A  O  E  D  L  X  R  B  T  I  E
C  C  I  W  Z  B  D  M  K  P  U  W  E  U
J  H  T  N  W  A  F  O  R  W  T  P  R  G
B  R  A  E  N  U  O  T  Y  W  C  N  X  F
O  A  X  K  T  U  G  O  T  O  O  V  O  C
O  U  I  N  B  L  M  R  O  T  K  A  R  T
T  B  E  A  W  O  H  N  W  A  G  E  N  L
K  E  H  R  U  B  O  O  T  B  U  F  H  V
G  R  O  K  E  Q  V  Y  Z  R  Z  L  Q  D
```

KRANKENWAGEN	MOTOR
FLUGZEUG	REIFEN
BOOT	FLOSS
BUS	ROLLER
LKW	U-BOOT
WOHNWAGEN	TAXI
FÄHRE	TRAKTOR
RAKETE	ZUG
HUBSCHRAUBER	FAHRRAD
U-BAHN	AUTO

9 - Camping

```
V  J  S  S  X  S  A  K  D  B  M  U  N  J
A  L  I  E  S  S  K  U  O  F  W  N  N  A
M  U  T  T  E  R  E  I  T  M  V  Q  V  G
G  N  U  T  S  Ü  R  S  U  A  P  N  C  D
A  N  I  A  H  U  T  B  E  R  G  A  I  S
B  U  I  M  N  N  Z  E  L  T  T  B  S  I
E  W  W  E  K  A  R  T  E  M  N  V  N  S
N  P  L  G  F  K  L  I  Y  S  E  R  K  X
T  Q  V  N  A  K  S  H  N  D  N  P  J  Z
E  H  I  Ä  F  E  U  E  R  S  R  Y  W  F
U  P  Y  H  J  W  Q  U  U  T  E  Y  Z  B
E  N  I  B  A  K  F  E  T  N  T  K  B  M
R  H  H  K  W  S  Q  P  A  A  A  I  T  R
K  E  Z  X  O  V  M  O  N  D  L  A  W  N
```

TIERE	FEUER
ABENTEUER	WALD
KOMPASS	HÄNGEMATTE
KABINE	INSEKT
KANU	SEE
KARTE	LATERNE
HUT	MOND
JAGD	BERG
SEIL	NATUR
AUSRÜSTUNG	ZELT

10 - Écologie

```
F  L  E  B  E  N  S  R  A  U  M  X  D  F
O  R  H  C  I  L  R  Ü  T  A  N  T  P  L
Y  N  E  G  R  E  B  N  F  Z  R  O  G  O
K  A  Z  I  W  R  S  E  A  N  U  A  F  R
L  C  Y  L  W  C  M  Z  H  S  T  V  Ü  A
A  H  R  B  I  I  H  N  C  U  A  I  B  D
R  H  G  O  I  C  L  A  S  M  N  E  E  D
T  A  N  L  I  L  M  L  N  P  F  L  R  Ü
Y  L  L  M  O  G  M  F  I  F  L  F  L  R
R  T  T  L  A  B  L  P  E  G  M  A  E  R
C  I  C  K  D  R  A  R  M  K  E  L  B  E
Y  G  A  Y  A  I  I  L  E  I  S  T  E  W
K  L  I  M  A  A  J  N  G  U  V  W  N  K
N  E  C  R  U  O  S  S  E  R  Z  J  J  L
```

FREIWILLIGE
KLIMA
GEMEINSCHAFT
VIELFALT
NACHHALTIG
ART
FAUNA
FLORA
GLOBAL
LEBENSRAUM

SUMPF
MARINE
BERGE
NATUR
NATÜRLICH
PFLANZEN
RESSOURCEN
DÜRRE
ÜBERLEBEN

11 - Géométrie

```
S  D  K  E  Z  H  T  K  S  M  S  O  W  G
Y  A  U  I  U  V  Ö  P  B  E  E  B  I  L
M  N  H  R  K  J  L  H  M  D  G  E  N  E
M  T  M  O  C  A  R  H  E  I  M  R  K  I
E  E  A  E  E  H  E  I  G  A  E  F  E  C
T  I  S  H  I  K  M  T  A  N  N  L  L  H
R  L  S  T  E  Q  M  E  K  A  T  Ä  P  U
I  C  E  F  R  U  U  K  S  F  D  C  A  N
E  P  L  O  D  W  N  Y  U  S  R  H  R  G
D  I  M  E  N  S  I  O  N  R  E  E  A  N
S  T  E  K  R  E  I  S  V  A  V  R  L  F
M  B  E  R  E  C  H  N  U  N  G  E  L  L
M  Y  Q  P  Z  Y  L  A  K  I  T  R  E  V
S  G  N  U  O  E  Q  G  K  I  G  O  L  X
```

WINKEL	MEDIAN
BERECHNUNG	NUMMER
KREIS	PARALLEL
KURVE	ANTEIL
DURCHMESSER	SEGMENT
DIMENSION	OBERFLÄCHE
GLEICHUNG	SYMMETRIE
HÖHE	THEORIE
LOGIK	DREIECK
MASSE	VERTIKAL

12 - Diplomatie

```
A U S L Ä N D I S C H L A B
X W R B Ü R G E R K T Ö U Z
S O E J X W O V J I W S F S
I N T E G R I T Ä T E U L O
S O F T U N E T H I K N Ö X
I I A E G C U B V L Q G S Z
C S H D I X K R Y O I P U K
H S C N T D H M E P V C N O
E U S Ü A Z P I X I E X G N
R K T B T K S Z C V G B H F
H S O R B E R A T E R E V L
E I B E U V E R T R A G R I
I D U V B O T S C H A F T K
T A D H U M A N I T Ä R B T
```

VERBÜNDETE
BOTSCHAFT
BOTSCHAFTER
BÜRGER
KONFLIKT
BERATER
DISKUSSION
ETHIK
AUSLÄNDISCH

REGIERUNG
HUMANITÄR
INTEGRITÄT
POLITIK
AUFLÖSUNG
SICHERHEIT
LÖSUNG
VERTRAG

13 - Électricité

```
M A U S R Ü S T U N G E P L
A A E L E K T R I S C H O A
E M G K N E T Z W E R K S S
R B O N O F E L E T P V I E
M N E H E S N R E F A L T R
N Q B T E T U E F B J C I Z
L E L E S O D K C E T S V V
A T G L M I E I R E T T A B
G H O A A R O R M E N G E K
E Ä L F T M R T B J J W H W
R R R H P I P K P V F X B P
U D B U J W V E T K E J B O
N D T C S F T L E B A K J N
G M R O T A R E N E G A B T
```

MAGNET
BATTERIE
KABEL
ELEKTRIKER
ELEKTRISCH
AUSRÜSTUNG
DRÄHTE
GENERATOR
LAMPE
LASER

NEGATIV
OBJEKTE
POSITIV
STECKDOSE
MENGE
NETZWERK
LAGERUNG
TELEFON
FERNSEHEN

14 - Astronomie

```
M S F D L U V S H I M M E L
O O I O N T E U G K L C I A
N B N G O L G P X V E L X S
D S S T I L L E T A S A A T
A E T E T I R R A L O S L R
S R E N A M O N O R T S A A
T V R A L C F O R F M O G H
R A N L L S D V M A K C E L
O T I P E H G A J E K Y B U
N O S E T B W P S G T E Z N
A R M U S R E V I N U E T G
U I S N N I L N E R D E O E
T U R Z O K O S M O S H D R
B M Y H K A S T E R O I D R
```

ASTEROID	METEOR
ASTRONAUT	NEBEL
ASTRONOM	OBSERVATORIUM
HIMMEL	PLANET
KONSTELLATION	STRAHLUNG
KOSMOS	SATELLIT
FINSTERNIS	SOLAR
RAKETE	SUPERNOVA
GALAXIE	ERDE
MOND	UNIVERSUM

15 - Physique

```
M F J Y X E X P A N S I O N
N A R L A K E W B K C G I D
Y U G E E L E K T R O N T Z
B T K N Q O H C S I M E H C
G A S L E U M U A O K F M H
F P Z L E T E F O R M E L A
K J Y L K A I N T O O G Ü O
R R T B F K R S Z T T D K S
P A R T I K E L M W A I E C
E L A S R E V I N U D C L M
S M E C H A N I K Q S H O O
S C H W E R K R A F T T M T
A Y T Ä T I V I T A L E R O
M V A R I A B L E O K B P R
```

ATOM	MAGNETISMUS
CHAOS	MASSE
CHEMISCH	MECHANIK
DICHTE	MOLEKÜL
EXPANSION	MOTOR
ELEKTRON	NUKLEAR
FORMEL	PARTIKEL
FREQUENZ	RELATIVITÄT
GAS	UNIVERSAL
SCHWERKRAFT	VARIABLE

16 - Types de Cheveux

```
J  L  N  B  T  D  X  N  B  N  W  L  N  Z
G  H  A  L  O  C  K  E  N  G  E  C  E  M
Q  A  X  N  P  Q  P  K  B  Y  L  V  E  S
Y  K  K  N  G  I  K  C  O  L  L  U  K  C
Y  B  D  I  C  K  E  O  V  N  I  K  K  H
Z  R  U  K  H  E  W  R  A  E  G  Z  K  W
M  A  W  E  I  S  S  T  O  H  C  G  B  A
G  U  A  R  G  S  N  C  D  N  O  L  B  R
F  N  N  Ü  D  I  W  S  G  Q  D  Ä  G  Z
A  A  G  S  S  L  B  E  F  R  D  N  E  R
G  Y  R  C  K  B  V  G  I  U  O  Z  S  V
M  L  F  B  W  E  D  S  B  C  D  E  U  P
Y  P  F  P  I  R  T  C  U  K  H  N  N  H
A  B  Q  V  Q  G  D  L  X  U  E  D  D  V
```

SILBER	LOCKIG
WEISS	GRAU
BLOND	LANG
LOCKEN	BRAUN
GLÄNZEND	DÜNN
KAHL	SCHWARZ
FARBIG	WELLIG
KURZ	GESUND
WEICH	TROCKEN
DICK	

17 - Archéologie

```
R  O  D  Q  V  F  T  E  M  P  E  L  Ä  V
W  N  Y  E  M  M  O  K  H  C  A  N  R  E
E  T  R  E  P  X  E  S  Y  L  A  N  A  R
K  N  O  C  H  E  N  D  S  O  J  H  U  G
A  A  J  T  Ä  T  I  U  Q  I  T  N  A  E
M  A  N  N  S  C  H  A  F  T  L  W  U  S
F  O  R  S  C  H  E  R  U  W  Y  S  N  S
G  E  H  E  I  M  N  I  S  H  O  K  B  E
D  U  H  Y  X  O  B  J  E  K  T  E  E  N
U  R  A  L  T  K  I  L  E  R  D  D  K  G
A  U  S  W  E  R  T  U  N  G  Z  R  A  R
Z  I  V  I  L  I  S  A  T  I  O  N  N  A
P  R  O  F  E  S  S  O  R  S  A  R  N  B
G  S  E  H  U  Z  H  E  G  W  B  B  T  Q
```

ANALYSE	FOSSIL
URALT	UNBEKANNT
ANTIQUITÄT	GEHEIMNIS
FORSCHER	OBJEKTE
ZIVILISATION	KNOCHEN
NACHKOMME	VERGESSEN
EXPERTE	PROFESSOR
ÄRA	RELIKT
MANNSCHAFT	TEMPEL
AUSWERTUNG	GRAB

18 - Mammifères

```
S  S  S  W  A  H  C  H  P  W  I  H  P  F
Z  C  O  T  O  F  U  C  H  S  W  A  L  Z
F  V  H  X  I  L  I  E  W  H  K  Y  O  E
X  I  U  A  E  E  F  F  A  C  O  W  U  B
E  D  R  E  F  P  R  D  J  Z  J  R  X  R
Z  N  U  W  F  D  W  A  W  Z  O  S  E  A
A  U  G  Ö  A  E  H  Z  S  G  T  G  Q  L
N  H  N  L  R  L  O  H  C  O  E  E  T  E
D  E  Ä  P  I  F  I  A  I  R  O  L  A  Y
D  N  K  B  G  I  E  S  J  I  X  E  Z  R
T  T  V  Ä  N  W  N  W  E  J  L  N  F  H  M
I  P  B  R  C  C  M  Y  R  L  W  A  Y  B
T  I  G  E  R  R  T  S  X  A  C  N  Z  D
W  D  C  L  W  Q  R  E  M  E  Z  T  A  K
```

WAL	HASE
KATZE	LÖWE
PFERD	WOLF
HUND	SCHAF
KOJOTE	BÄR
DELFIN	FUCHS
ELEFANT	AFFE
GIRAFFE	STIER
GORILLA	TIGER
KÄNGURU	ZEBRA

19 - Chocolat

```
K  P  N  Z  E  K  C  A  M  H  C  S  E  G
A  U  F  F  R  S  Ü  S  S  C  C  T  U  C
L  L  A  W  D  N  K  O  Q  I  R  P  H  H
O  V  E  J  N  E  G  N  A  L  R  E  V  A
R  E  I  K  Ü  S  G  T  B  T  E  Z  Z  N
I  R  N  O  S  B  X  Z  N  S  T  E  U  D
E  O  D  R  S  K  Y  T  V  Ö  T  R  C  W
N  V  L  P  E  O  A  K  A  K  I  F  K  E
A  R  O  M  A  I  R  R  W  V  B  X  E  R
E  X  O  T  I  S  C  H  A  P  H  G  R  K
K  O  K  O  S  N  U  S  S  M  T  E  S  L
Q  U  A  L  I  T  Ä  T  J  M  E  H  H  I
F  A  V  O  R  I  T  A  T  U  Z  L  I  C
A  N  T  I  O  X  I  D  A  N  S  M  L  H
```

BITTER	VERLANGEN
ANTIOXIDANS	EXOTISCH
AROMA	FAVORIT
HANDWERKLICH	ZUTAT
ERDNÜSSE	KOKOSNUSS
KAKAO	PULVER
KALORIEN	QUALITÄT
KARAMELL	REZEPT
KÖSTLICH	GESCHMACK
SÜSS	ZUCKER

20 - Mathématiques

```
S  W  L  P  U  A  S  C  C  B  P  Q  W  Y
G  U  Z  N  D  O  Y  N  L  G  B  C  I  Z
L  P  M  E  F  Y  M  E  N  K  T  G  N  F
E  T  R  M  T  D  M  K  K  I  N  U  K  P
I  H  E  U  E  R  E  O  L  T  E  T  E  O
C  C  S  L  L  E  T  D  I  E  N  D  L  L
H  E  S  O  E  I  R  T  E  M  O  E  G  Y
U  R  E  V  G  E  I  N  T  H  P  Z  N  G
N  K  M  N  U  C  E  P  H  T  X  I  A  O
G  N  H  O  K  K  K  V  C  I  E  M  F  N
R  E  C  H  T  E  C  K  U  R  C  A  M  W
B  S  R  L  E  L  L  A  R  A  P  L  U  O
Z  Q  U  A  D  R  A  T  B  D  U  L  P  E
G  N  D  I  A  G  F  R  A  D  I  U  S  S
```

WINKEL	PARALLEL
ARITHMETIK	SENKRECHT
QUADRAT	POLYGON
UMFANG	RADIUS
DEZIMAL	RECHTECK
DURCHMESSER	SUMME
EXPONENT	KUGEL
GLEICHUNG	SYMMETRIE
BRUCHTEIL	DREIECK
GEOMETRIE	VOLUMEN

21 - Sport

```
A T R A I N E R T O L E I Z
D U K V B B O W J T S R T J
I Z S A Q G D T C I A N D O
Ä Z B D K N O C H E N Ä P G
T E W X A C L P A H E H R G
E J G V L U M B T D R R O E
K Ö R P E R E Z H N H U G N
R W V A K J N R L U A N R E
Ä P H M S D R B E S F G A Z
T H I A U Z K R T E D S M N
S K K J M D N K P G A P M A
M A X I M I E R E N R O P T
M E T A B O L I S C H R L C
C X F Ä H I G K E I T T R R
```

ATHLET	MAXIMIEREN
FÄHIGKEIT	METABOLISCH
KÖRPER	MUSKEL
RADFAHREN	ERNÄHRUNG
TANZEN	ZIEL
DIÄT	KNOCHEN
AUSDAUER	PROGRAMM
TRAINER	GESUNDHEIT
STÄRKE	SPORT
JOGGEN	

22 - Mythologie

```
B M G A E S T Ä R K E L H S
L A H N O I T A E R K E E T
I G T P R I F T T O O G L E
T I N N A H I E R R V E D R
Z S I E C L R E R Q Y N I B
G C R T H E W K E S O D N L
Z H Y I E S D R G H U E H I
T P B E Q R O E E Z E C V C
S O A H J F N A I H S L H H
K U L T U R N T R J L E D T
J W G T D S E U K P S M Q I
X V P O W W R R E T S N O M
F U S G A R C H E T Y P R Q
J O V E R H A L T E N A M Y
```

ARCHETYP
VERHALTEN
KREATION
KREATUR
KULTUR
GOTTHEITEN
BLITZ
STÄRKE
KRIEGER
HELDIN

HELD
EIFERSUCHT
LABYRINTH
LEGENDE
MAGISCH
MONSTER
STERBLICH
DONNER
RACHE

23 - Restaurant #2

```
H  V  L  W  I  P  T  A  M  O  B  Z  N  Z
C  F  P  M  J  X  Y  R  J  D  W  U  M  T
I  M  K  M  D  Q  Q  T  U  H  A  S  A  Q
L  V  E  O  N  T  P  J  K  U  C  H  E  N
T  M  P  I  R  E  N  L  L  E  K  E  I  S
S  A  L  Z  E  H  S  H  G  E  M  Ü  S  E
Ö  F  E  Y  S  R  T  S  D  O  S  G  W  E
K  I  F  J  V  F  U  C  E  G  J  Q  A  J
B  S  F  E  M  J  H  C  M  D  A  S  B  X
B  C  Ö  Y  D  N  L  E  D  U  N  B  E  T
X  H  L  G  E  T  R  Ä  N  K  G  E  E  A
M  I  T  T  A  G  E  S  S  E  N  Y  B  L
G  E  W  Ü  R  Z  E  F  R  U  C  H  T  A
Z  U  W  A  S  S  E  R  S  U  P  P  E  S
```

GETRÄNK	KUCHEN
STUHL	EIS
LÖFFEL	GEMÜSE
MITTAGESSEN	NUDELN
KÖSTLICH	EIER
ABENDESSEN	FISCH
WASSER	SALAT
GEWÜRZE	SALZ
GABEL	KELLNER
FRUCHT	SUPPE

24 - Couleurs

```
W  L  X  O  U  N  S  E  H  K  E  I  F  Y
G  E  N  K  R  U  P  R  U  P  I  J  U  T
R  M  I  P  U  A  L  B  R  U  Z  A  C  B
A  G  T  S  W  I  N  A  Y  Z  R  M  H  L
U  R  O  T  S  I  D  G  Q  D  A  A  S  A
S  E  P  I  A  X  N  U  E  M  W  G  I  U
L  I  L  A  N  E  O  D  G  I  H  E  E  L
C  Y  U  W  H  U  M  G  I  S  C  N  F  R
B  R  A  U  N  Q  W  S  E  G  S  T  A  Y
L  H  S  A  G  S  P  S  B  E  O  A  V  S
E  S  O  W  F  Z  W  A  S  J  B  F  V  M
G  N  R  L  D  I  W  T  M  M  G  R  Ü  N
Q  Y  M  L  P  S  Z  V  O  P  U  R  Z  T
K  F  Z  Y  X  F  F  V  Q  B  F  D  G  E
```

AZURBLAU	MAGENTA
BEIGE	BRAUN
WEISS	SCHWARZ
BLAU	ORANGE
PURPUR	ROSA
ZYAN	ROT
FUCHSIE	SEPIA
GRAU	GRÜN
INDIGO	LILA
GELB	

25 - Beauté

```
C H A R M E J G X V F S W J
L L R H F W A N P P O H I T
L N D U F T H A U L X A M A
Y E T K U D O R P I F M P A
L G S T Y L I S T P E P E B
N O S F A R B E A P L O R P
J T C P A N T K Q E E O N N
E O S K I X N H J N G W T B
S F O T E E A E N S A X U K
G L A T T N G R K T N A S R
Ö P H G H M E E R I Z N C F
C L A B A W L H L F C M H E
Z A E W U H E C M T N U E Y
K R K I T E M S O K S T Q C
```

LOCKEN
CHARME
SCHERE
KOSMETIK
FARBE
ELEGANZ
ELEGANT
ANMUT
ÖLE
GLATT

WIMPERNTUSCHE
SPIEGEL
DUFT
HAUT
FOTOGEN
PRODUKTE
LIPPENSTIFT
SHAMPOO
STYLIST

26 - Avions

```
P K L B Q T Z N K A B P W A
R O U A A C R Q T U R A A W
O N G M N L R H S F E S S R
P S A O I D L E T B N S S G
E T F U L Q U O W L N A E E
L R O T O M L N N A S G R S
L U H I M M E L G S T I S C
E K T A W E H F H E O E T H
R T Q O B F Ö S R N F R O I
P I S Z V G H X V K F P F C
I O A T M O S P H Ä R E F H
L N A B E N T E U E R P C T
O Y A B S T I E G I Y K J E
T T U X R I C H T U N G M L
```

LUFT
ATMOSPHÄRE
LANDUNG
ABENTEUER
BALLON
BRENNSTOFF
HIMMEL
KONSTRUKTION
ABSTIEG
RICHTUNG

CREW
AUFBLASEN
HÖHE
PROPELLER
GESCHICHTE
WASSERSTOFF
MOTOR
PASSAGIER
PILOT

27 - Aventure

```
T A P F E R K E I T G S B U
O X C H T H D I F X E C E N
G A N Q U C P O S U L H G G
L D X A O I U Y H F E W E E
C X I R R L N Z T Z G I I W
B R R I N R O L Ä S E E S Ö
S C H Ö N H E I T N N R T H
N E U Z X Ä D C I A H I E N
L E I K O F U H V T E G R L
P Z S N Y E E A I U I K U I
I X O P L G R N T R T E N C
Z I E L M N F C K R J I G H
A U S F L U G E A A G T U Y
S I C H E R H E I T S L R B
```

AKTIVITÄT	AUSFLUG
SCHÖNHEIT	UNGEWÖHNLICH
TAPFERKEIT	ROUTE
CHANCE	FREUDE
GEFÄHRLICH	NATUR
ZIEL	NEU
SCHWIERIGKEIT	GELEGENHEIT
BEGEISTERUNG	SICHERHEIT

28 - Ville

```
S U P E R M A R K T E K I U
K B N K D E T H E A T E R U
E N A A L M A R K T J W Y M
H X G N Q I K E L P H D E N
T H A I K A N A A O B U L R
O O L D P A P I M U S E U M
I T E H M K Q O K J V Q H Z
L E R N O I D A T S U Y C S
B L I I N N W X H H F J S A
I J E I B O M W W A E Z O O
B Ä C K E R E I L N C K H A
B U C H H A N D L U N G E F
B L U M E N H Ä N D L E R P
F L U G H A F E N L D P Q X
```

FLUGHAFEN
BANK
BIBLIOTHEK
BÄCKEREI
KINO
KLINIK
SCHULE
BLUMENHÄNDLER
GALERIE

HOTEL
BUCHHANDLUNG
MARKT
MUSEUM
APOTHEKE
STADION
SUPERMARKT
THEATER
ZOO

29 - Ingénierie

```
F  S  T  Ä  R  K  E  F  E  I  T  S  G  E
K  L  G  G  J  G  V  C  I  N  S  T  J  M
B  V  Ü  W  L  N  M  M  G  X  T  A  G  A
O  P  R  S  E  U  M  R  R  J  R  B  E  S
D  M  E  F  S  L  A  D  E  L  U  I  T  C
R  I  S  B  E  I  R  T  N  A  K  L  R  H
E  Q  S  N  I  E  G  U  E  H  T  I  I  I
H  R  E  Y  D  T  A  K  X  T  U  T  E  N
U  T  M  D  H  R  I  W  E  L  R  Ä  B  E
N  N  H  X  V  E  D  V  A  I  I  T  E  M
G  U  C  D  U  V  O  B  P  C  T  E  U  O
B  E  R  E  C  H  N  U  N  G  H  S  T  T
D  L  U  A  W  I  N  K  E  L  S  S  X  O
X  G  D  M  E  S  S  U  N  G  A  M  E  R
```

WINKEL	FLÜSSIGKEIT
ACHSE	MASCHINE
BERECHNUNG	MESSUNG
DIAGRAMM	MOTOR
DURCHMESSER	TIEFE
DIESEL	ANTRIEB
VERTEILUNG	DREHUNG
GETRIEBE	STABILITÄT
ENERGIE	STRUKTUR
STÄRKE	

30 - Énergie

```
K G F I U E L E K T R O N B
X K F Z R M X E H I M L D A
M Z O R A A W C I V F I D T
W Q T O B R A E L K U N M T
H C S I R T K E L E N R V E
R K N U E E U R V T D M D R
W Z E G U N D R O T O M Y I
I V L F E H T Q B J I F D E
N D H P N O N R N I Y H I N
D Z O X R O I L O Y N R E N
S C K Y E Z I H P M E S O
B M E I R T S U D N I B E S
B R E N N S T O F F W E L O
P H O T O N I Z N E B D B I
```

BATTERIE	ELEKTRON
KOHLENSTOFF	INDUSTRIE
BRENNSTOFF	MOTOR
HITZE	NUKLEAR
DIESEL	PHOTON
ENTROPIE	ERNEUERBAR
UMWELT	SONNE
BENZIN	TURBINE
ELEKTRISCH	WIND

31 - Corps Humain

R	U	T	U	K	T	H	C	I	S	E	G	B	P
I	N	T	Y	J	I	C	A	A	P	P	E	K	S
D	O	L	L	I	N	N	V	N	E	P	P	I	L
G	N	R	S	P	Z	E	N	E	D	N	U	M	A
P	W	L	I	F	S	U	R	G	R	P	F	I	H
M	Y	Z	M	F	A	S	I	A	E	S	A	N	K
T	I	U	S	T	U	A	H	M	G	D	C	G	P
X	M	E	J	O	U	K	E	I	N	K	H	R	L
K	N	Ö	C	H	E	L	G	R	I	R	V	E	J
R	E	H	K	O	P	F	B	Z	F	N	V	X	Y
R	P	F	U	V	M	F	S	Z	A	G	B	L	D
N	S	C	H	U	L	T	E	R	E	F	E	I	K
E	L	L	B	O	G	E	N	E	O	H	R	F	K
S	V	M	Y	H	G	L	R	H	S	P	H	V	Y

MUND
GEHIRN
KNÖCHEL
HALS
ELLBOGEN
HERZ
FINGER
MAGEN
SCHULTER
KNIE

LIPPEN
HAND
KIEFER
KINN
NASE
OHR
HAUT
BLUT
KOPF
GESICHT

32 - Épices

```
C  P  F  E  F  F  E  R  J  V  D  B  U  D
U  K  A  R  D  A  M  O  M  W  X  Y  M  H
R  R  L  A  K  R  I  T  Z  E  B  Z  W  O
R  T  W  T  U  R  E  T  T  I  B  I  K  A
Y  H  Z  R  G  I  S  W  U  J  E  M  R  N
D  G  L  S  V  H  B  A  G  H  W  T  E  I
O  P  A  P  R  I  K  A  I  N  I  S  U  S
M  U  S  K  A  T  N  U  S  S  I  A  Z  Z
K  O  R  I  A  N  D  E  R  S  N  F  K  W
V  A  N  I  L  L  E  G  B  A  G  R  Ü  I
J  S  G  S  G  E  W  E  C  U  Z  A  M  E
F  V  R  K  L  E  H  C  N  E  F  N  M  B
G  E  S  C  H  M  A  C  K  R  T  C  E  E
K  N  O  B  L  A  U  C  H  B  M  A  L  L
```

SAUER	INGWER
KNOBLAUCH	MUSKATNUSS
BITTER	ZWIEBEL
ANIS	PAPRIKA
ZIMT	PFEFFER
KARDAMOM	LAKRITZE
KORIANDER	SAFRAN
KREUZKÜMMEL	GESCHMACK
CURRY	SALZ
FENCHEL	VANILLE

33 - Vêtements

```
A  B  F  S  A  N  D  A  L  E  N  J  O  S
R  L  E  T  R  Ü  G  V  P  R  X  T  W  C
M  U  D  I  E  L  K  H  U  H  C  S  F  H
B  S  O  J  L  X  G  D  L  A  H  C  S  L
A  E  M  A  N  T  E  L  L  R  L  O  D  A
N  Z  Y  H  T  Q  U  G  O  H  O  K  U  F
D  R  P  E  K  X  P  H  V  Y  Y  C  V  A
J  Ü  Z  M  O  O  V  C  E  M  H  A  K  N
A  H  H  D  L  L  S  E  R  M  I  E  O  Z
C  C  O  H  A  N  D  S  C  H  U  H  E  U
K  S  S  H  A  L  S  K  E  T  T  E  R  G
E  K  E  J  E  A  N  S  Y  T  Y  N  I  D
V  B  X  X  Z  A  J  B  X  S  I  Z  F  L
N  M  A  Y  L  Z  D  M  J  E  J  L  Z  M
```

ARMBAND	ROCK
GÜRTEL	MANTEL
HUT	MODE
SCHUH	HOSE
HEMD	PULLOVER
BLUSE	SCHLAFANZUG
HALSKETTE	KLEID
SCHAL	SANDALEN
HANDSCHUHE	SCHÜRZE
JEANS	JACKE

34 - Arts Visuels

```
O P S H S H C A W B N V G X
H E C W Z T Ä R T R O P E B
S R H E W L I D V U T D M L
Q S A L G Q H F G T F I Ä A
T P B H M Q V F T K I C L C
C E L O Q B I N S E T K D K
I K O K R E W R E T S I E M
F T N Z C I D S H I I M B L
O I E L O P N I X H E A X I
T V B O R U N X E C L R X F
O E O H A M X O Z R B E E J
S K U L P T U R Q A K K A R
O Z K Ü N S T L E R Q O Z Y
S T A F F E L E I L Q U G D
```

ARCHITEKTUR

TON

KÜNSTLER

KERAMIK

HOLZKOHLE

MEISTERWERK

STAFFELEI

WACHS

KREIDE

BLEISTIFT

FILM

GEMÄLDE

PERSPEKTIVE

FOTO

SCHABLONE

PORTRÄT

SKULPTUR

STIFT

LACK

35 - Méditation

```
H  W  B  S  U  A  S  T  I  L  L  E  F  T
N  A  M  R  M  L  N  E  D  E  I  R  F  P
A  C  S  U  E  J  D  N  A  T  S  R  E  V
T  H  L  Q  S  N  W  M  A  O  S  A  P  H
U  R  T  E  G  I  H  U  R  H  E  O  E  S
R  P  U  I  N  H  K  C  N  H  M  U  R  G
M  I  T  G  E  F  Ü  H  L  A  Z  E  S  E
K  L  A  R  H  E  I  T  Y  L  S  R  P  I
G  L  Ü  C  K  B  K  N  Y  T  G  H  E  S
X  G  E  D  A  N  K  E  N  U  Y  E  K  T
I  N  I  L  E  R  N  E  N  N  F  L  T  I
Y  A  T  M  U  N  G  G  X  G  F  N  I  G
D  A  N  K  B  A  R  K  E  I  T  A  V  P
B  E  W  E  G  U  N  G  O  I  E  L  E  J
```

ANNAHME	GEISTIG
LERNEN	BEWEGUNG
GLÜCK	MUSIK
RUHIG	NATUR
KLARHEIT	FRIEDEN
MITGEFÜHL	GEDANKEN
LEHRE	PERSPEKTIVE
VERSTAND	HALTUNG
WACH	ATMUNG
DANKBARKEIT	STILLE

36 - Littérature

```
M O A I J R H H N Q A M G A
T E A M S R H K O T U K E N
A I T N E P L Y I U T K D A
N H E A H C S I T E O P I L
A P Y M P P Q B K H R G C O
L A W O B H U F I E M N H G
Y R Z R N C E Q F T A U T I
S G S F M I E R Y D D N S E
E O T W Q E Q T S T U I K M
U I I A C L E T O D K E N A
P B L F X G K K J J X M Y V
B E S C H R E I B U N G S C
T H E M A E D I A L O G L F
N R Y K V V E R Z Ä H L E R
```

ANALOGIE
ANALYSE
ANEKDOTE
AUTOR
BIOGRAPHIE
VERGLEICH
BESCHREIBUNG
DIALOG
FIKTION
METAPHER

ERZÄHLER
MEINUNG
GEDICHT
POETISCH
REIM
ROMAN
RHYTHMUS
STIL
THEMA

37 - Nourriture #1

```
B  U  S  A  F  T  A  N  I  P  S  K  E  R
B  T  T  T  S  I  V  V  Z  Z  F  A  R  Ü
T  I  S  T  A  L  A  S  W  V  L  R  D  B
I  M  E  W  L  Y  L  V  I  N  E  O  B  E
K  G  Q  Q  Z  L  U  F  E  P  I  T  E  N
J  N  M  I  L  C  H  O  B  O  S  T  E  R
J  X  O  S  E  T  S  R  E  G  C  E  R  I
K  E  E  B  I  N  E  H  L  E  H  P  E  B
A  E  H  Z  L  I  O  U  S  K  R  P  Y  B
E  E  E  F  F  A  K  R  E  K  C  U  Z  B
H  C  S  I  F  N  U  H  T  E  M  S  I  J
T  L  R  M  F  N  F  C  L  I  P  D  M  L
K  B  A  U  R  X  D  N  H  X  Z  P  T  U
B  A  S  I  L  I  K  U  M  E  Q  C  M  G
```

KNOBLAUCH	RÜBE
BASILIKUM	ZWIEBEL
KAFFEE	GERSTE
ZIMT	BIRNE
KAROTTE	SALAT
ZITRONE	SALZ
SPINAT	SUPPE
ERDBEERE	ZUCKER
SAFT	THUNFISCH
MILCH	FLEISCH

38 - Jours et Mois

```
N G E Y G A T S R E N N O D
R A U N A J H C O W T T I M
E T R A U R B E F N A B N M
D I E N S T A G Y N N W U Ä
N E B H Z E U E Y W O T J R
E R O X C X W M C F M B A Z
L F T G P O P C M A G G U G
A I K I B T W K M U P M A I
K M O N K U P B B B V R E B
M O N T A G A T S M A S I K
K V U A M A V D L L Q I P L
N S E P T E M B E R B N F R
P S D I J U L I A U G U S T
N O V E M B E R Y L D B A O
```

AUGUST	DIENSTAG
APRIL	MÄRZ
KALENDER	MITTWOCH
SONNTAG	MONAT
FEBRUAR	NOVEMBER
JANUAR	OKTOBER
DONNERSTAG	SAMSTAG
JULI	WOCHE
JUNI	SEPTEMBER
MONTAG	FREITAG

39 - Jardinage

```
B T B M C U L C H I E A Y W
L I K O R T S O P M O K H A
Ü E Z L D L A N O S I A S S
T K D K X E M T Q P T L A S
E G H C S I N A T O B A R E
S I T W I A M I L K F U T R
Z T U M H C S N N B H B F S
X H R A B S S E W J B Z I C
J C I A R O U R B L A T T H
M U D G U U M T Y C V S N L
G E E H C S I T O X E A P A
S F I I E E S D N G B A I U
O B S T G A R T E N K T N C
S X A Z X Y E D G A G D I H
```

BOTANISCH	BLÜTE
STRAUSS	SAAT
KLIMA	FEUCHTIGKEIT
ESSBAR	CONTAINER
KOMPOST	SAISONAL
WASSER	SCHMUTZ
ART	BODEN
EXOTISCH	SCHLAUCH
LAUB	OBSTGARTEN
BLATT	

40 - Entreprise

```
X W X V X M W S F F K F M J
T G A G G Y Q F I A O I I U
E F E R V I R D R B S N T Z
G G A L E N E O M R T A A B
D E W H D V B E A I E N R Ü
U S Ä S C E E R F K N Z B R
B C H T V S G E B F M I E O
H H R E E T T I N T Y E I C
B Ä U U R I I R N V V R T X
J F N E K T E R I W G E E Q
E T G R A I B A W W K N R Y
D E X N U O R K E U O U N I
X N L L F N A J G S P T H O
S T R A N S A K T I O N C K
```

GELD   WIRTSCHAFT
GESCHÄFT   FINANZIEREN
BUDGET   STEUERN
BÜRO   INVESTITION
KARRIERE   WARE
KOSTEN   GEWINN
WÄHRUNG   TRANSAKTION
ARBEITGEBER   FABRIK
MITARBEITER   VERKAUF
FIRMA

41 - Activités

```
K N K N S G R G M A G I E Y
K D V I X Y F A W F F X L V
E P F V J J V R N E I M E E
E I F A R G O T O F F G I R
W D T I E Z I E R F Q B P G
A V L D Y F S N E H Ä N S N
N K Q Ä K B Q A E B D O W Ü
D A U Z M W A R I S L U W G
E V V N C E O B R A E A J E
R J J J S V G E T W V L B N
N Q M Y Z T K I M A R E K O
C A M P I N G T F G T P Z P
I N T E R E S S E N J A G D
T Ä T I V I T K A N G E L N
```

AKTIVITÄT
KUNST
CAMPING
KERAMIK
JAGD
NÄHEN
INTERESSEN
GARTENARBEIT
SPIELE

LESEN
FREIZEIT
MAGIE
GEMÄLDE
ANGELN
FOTOGRAFIE
VERGNÜGEN
WANDERN

42 - Mode

```
G  T  L  S  S  H  E  M  V  M  U  X  H  G
A  P  E  O  T  F  F  O  T  S  N  W  S  S
E  R  B  X  L  I  Q  D  T  E  U  E  R  L
T  A  A  C  T  V  L  E  T  V  H  W  U  V
R  K  T  K  Q  U  D  R  E  T  S  U  M  A
E  T  R  K  O  V  R  N  E  T  S  A  T  T
N  I  O  L  B  E  S  C  H  E  I  D  E  N
D  S  F  S  A  E  I  N  F  A  C  H  W  A
V  C  M  A  C  N  V  T  S  E  E  I  U  G
X  H  O  E  U  Q  I  T  U  O  B  J  R  E
L  X  K  O  Y  O  V  G  L  O  B  E  S  L
E  F  I  E  R  E  K  C  I  T  S  H  S  E
S  P  I  T  Z  E  A  R  B  R  U  A  X  M
A  N  S  P  R  U  C  H  S  V  O  L  L  O
```

BOUTIQUE	MUSTER
TASTEN	ORIGINAL
STICKEREI	PRAKTISCH
TEUER	EINFACH
KOMFORTABEL	ANSPRUCHSVOLL
SPITZE	STIL
ELEGANT	TREND
MODERN	TEXTUR
BESCHEIDEN	STOFF

43 - Fleurs

```
B  E  I  N  E  D  R  A  G  P  N  S  T  S
N  E  I  L  O  N  G  A  M  L  E  O  P  T
H  D  T  X  X  H  X  J  J  U  H  N  A  R
A  I  A  A  F  O  V  A  P  M  C  N  S  A
Z  H  B  M  X  M  Z  S  Z  E  M  E  S  U
N  C  E  I  Z  F  K  M  J  R  Ü  N  I  S
E  R  H  F  S  Y  V  I  O  I  L  B  O  S
W  O  L  Y  X  K  X  N  Y  A  B  L  N  T
Ö  L  V  I  V  D  U  R  O  S  E  U  S  N
L  O  S  N  L  W  C  S  K  H  S  M  B  T
L  I  L  I  E  A  K  S  Y  W  N  E  L  U
L  E  D  N  E  V  A  L  S  Y  Ä  N  U  L
H  D  P  W  S  C  T  M  E  I  G  W  M  P
G  Y  X  T  K  W  S  I  K  E  C  K  E  E
```

STRAUSS	ORCHIDEE
GARDENIE	PASSIONSBLUME
HIBISKUS	MOHN
JASMIN	LÖWENZAHN
LAVENDEL	PLUMERIA
LILA	ROSE
LILIE	SONNENBLUME
MAGNOLIE	KLEE
GÄNSEBLÜMCHEN	TULPE

44 - Nourriture #2

```
H D R M G C B A G F X T S U
U U S E L L E R I E O C C S
C X H S I E R V O O N N H I
G W U N C M M H Q V T P O F
K I W I L H M A N G O I K G
Q L E N E Z I E W S R L O J
B O T X F U Z N B U B Z L F
B K V K P F M I K A L F A I
Z K Y H A M G G I E N T D S
E O A E V B I R C X N A E C
I R X W M L L E D N A M N H
W B Q Z I K S B X Y W G V E
K I R S C H E U T R A U B E
H W Q H J E T A M O T U M C
```

MANDEL	KIWI
AUBERGINE	MANGO
BANANE	EI
WEIZEN	BROT
BROKKOLI	FISCH
KIRSCHE	APFEL
SELLERIE	HUHN
PILZ	TRAUBE
SCHOKOLADE	REIS
SCHINKEN	TOMATE

45 - Algèbre

```
T O O O M F G N U S Ö L A K
T K G T E G A M Z J K I M L
F P K M N T R K P U M N A A
F L G J G T A A T K M E T M
C F N Y E U K X P O A A R M
B R U C H T E I L H R R I E
V E H W C D O J Y U G N X R
A M C Q I A F Z C U A U A N
R M I T L E M R O F I L D A
I U E R D N L I F G D L W L
A N L D N F A L S C H E R Q
B X G V E E R V O T N G E I
L S I T N E N O P X E M D R
E G C K U P R O B L E M Y N
```

DIAGRAMM	LINEAR
EXPONENT	MATRIX
GLEICHUNG	NUMMER
FAKTOR	KLAMMERN
FALSCH	PROBLEM
FORMEL	MENGE
BRUCHTEIL	LÖSUNG
GRAPH	VARIABLE
UNENDLICH	NULL

46 - Océan

```
A J U T T U P B G W J E J M
M M A W H C S O A E X T G G
R B G B G U G O P L S Ö U I
U K Q G F B N T D L A R I W
T G T I S C A F P E L K K K
S X T X G C T F I N Z D O R
A U S T E R E I A S N L R A
W A L G Z F E R H E C I A K
D K O R H A S Q F B H H L E
W E L E N R A G U B Y C L X
H Y L A A F M M J A L S E M
T R V F F P V T F R L M F A
K H C S I F P B H K I L P N
N A T F H N N C D O N K E F
```

SEETANG	QUALLE
AAL	FISCH
WAL	KRAKE
BOOT	HAI
KORALLE	RIFF
KRABBE	SALZ
GARNELE	STURM
DELFIN	THUNFISCH
SCHWAMM	SCHILDKRÖTE
AUSTER	WELLEN

47 - Remplir

```
Y E Q H E N O T R A K A X V
R N K O F F E R A T C G Q A
U L H E Q E K J W S S A F S
H O N T A B L E T T C L W E
K J H Y B K J J H N R H O Z
Z D I C L F D Y E X E C E B
S C H U B L A D E J Y S T E
W O I E M Y H S Y Z C M S C
C O B L K G I X C M C U I K
Y L O K E I M E R H O R K E
N H X O P T S U N B I U X N
K O R B P C I F P N P F D M
K O F L A S C H E J A R F A
K R U G M P A K E T O W X H
```

WANNE	KORB
FASS	PAKET
BECKEN	TABLETT
BOX	KRUG
FLASCHE	TASCHE
KISTE	EIMER
KARTON	SCHUBLADE
MAPPE	ROHR
UMSCHLAG	KOFFER
SCHIFF	VASE

48 - Antiquités

```
P E I R E L A G I Q J V M A
Q G L A A F H Z N U A E Z U
W S I E R P C A V A H R I T
G N W D G M I R E L R S U H
U U G L U A L R S I H T U E
L S U Ä I M N U T T U E L N
E D U M C L H T I Ä N I O T
B B H E Y D Ö P T T D G Z I
Ö K B G U Y W L I E E E K S
M Ü N Z E N E U O K R R U C
W S T I L Q G K N I T U N H
W E G C J V N S S P Z N S A
C H R H K C U M H C S G T L
G W X T Z U S T A N D B P T
```

KUNST
AUTHENTISCH
SCHMUCK
ZUSTAND
VERSTEIGERUNG
ELEGANT
GALERIE
UNGEWÖHNLICH
INVESTITION
MÖBEL

GEMÄLDE
MÜNZEN
PREIS
QUALITÄT
SKULPTUR
JAHRHUNDERT
STIL
WERT
ALT

49 - Boxe

```
F  T  I  E  K  G  I  H  Ä  F  F  C  L  Q
V  O  E  F  Q  Ä  U  D  H  W  T  J  Q  W
E  J  K  C  I  K  M  W  I  J  X  C  Q  I
R  H  R  U  D  T  F  P  Ö  H  C  S  R  E
L  A  Ä  P  S  X  B  Z  F  F  N  F  H  L
E  N  T  S  U  A  F  G  A  E  L  I  E  S
T  D  S  R  E  N  G  E  G  A  R  K  K  V
Z  S  O  R  Q  E  K  C  O  L  G  I  Ö  B
U  C  N  R  W  G  H  T  N  A  Z  N  R  M
N  H  J  I  W  O  G  U  E  B  K  N  P  S
G  U  D  O  S  B  V  E  T  M  F  A  E  V
E  H  D  B  Q  L  L  E  N  H  C  S  R  L
N  E  N  P  I  L  R  E  C  O  V  E  R  Y
A  U  W  M  E  E  G  E  C  K  E  X  Z  I
```

GEGNER	KICK
VERLETZUNGEN	ERSCHÖPFT
GLOCKE	STÄRKE
ECKE	HANDSCHUHE
KÄMPFER	KINN
FÄHIGKEIT	FAUST
FOKUS	PUNKTE
SEILE	SCHNELL
KÖRPER	RECOVERY
ELLBOGEN	

50 - Ballet

```
S T I L P U B L I K U M Y C
A U S D R U C K S V O L L V
C H O R E O G R A P H I E R
F Z I L K O M P O N I S T D
U Z D U O T E C H N I K N A
Q A K A T S U A L P P A V N
K Ü N S T L E R I S C H P I
R H Y T H M U S T Ä N Z E R
T T G A N M U T I G M W O E
S X L E A R C I D V U Q I L
P R F C T M N E K I S U M L
I N T E N S I T Ä T K K C A
F Ä H I G K E I T Z E Y H B
P R O B E Z P G S G L G A F
```

APPLAUS	INTENSITÄT
KÜNSTLERISCH	MUSKEL
BALLERINA	MUSIK
CHOREOGRAPHIE	PUBLIKUM
FÄHIGKEIT	PROBE
KOMPONIST	RHYTHMUS
TÄNZER	SOLO
AUSDRUCKSVOLL	STIL
GESTE	TECHNIK
ANMUTIG	

51 - Fruit

```
K A A C N H P F I R S I C H
I V P Q E W I B G E P R T V
W O R E K W W M Y P W V R Q
I C I Z T X L F B D M W A G
Y A K S A N A N A E N R U U
L D O G R F A O D H E P B A
P O S E I B E B M C N R E V
Z A E G N E X H A S O P E E
G I P N E E J D N R L H F N
P X T A D R C W G I E S E R
V T D R Y E T N O K M V I I
R D Q O O A B A N A N E G B
F A Q D T N P E M A S J E Y
P N T L D L E F P A V K Q F
```

APRIKOSE

ANANAS

AVOCADO

BEERE

BANANE

KIRSCHE

ZITRONE

FEIGE

HIMBEERE

GUAVE

KIWI

MANGO

MELONE

NEKTARINE

ORANGE

PAPAYA

PFIRSICH

BIRNE

APFEL

TRAUBE

52 - Technologie

```
N V O W L K I T S I T A T S
A I P G N K A I P L M J S I
C R A S H B R O W S E R C C
H T N U O G E O F E K K H H
R U Z F Q S M N X T H K R E
I E E U O U A M Q Y T K I R
C L I D D R K P K B E B F H
H L G L Q I S D D B N K T E
T L E K J V V C D A R L A I
A L A T I G I D H A E E R T
L T C U R S O R E U T G T V
M R I H C S D L I B N E Q L
C O M P U T E R B E I G I S
S O F T W A R E D A T E N S
```

ANZEIGE
BLOG
KAMERA
CURSOR
DATEN
BILDSCHIRM
DATEI
INTERNET
SOFTWARE
NACHRICHT

BROWSER
DIGITAL
BYTES
COMPUTER
SCHRIFTART
FORSCHUNG
SICHERHEIT
STATISTIK
VIRTUELL
VIRUS

53 - Musique

```
M  J  E  L  P  S  N  O  F  O  R  K  I  M
V  U  P  O  E  T  I  S  C  H  G  Z  M  R
M  X  S  L  Y  R  I  S  C  H  B  R  P  H
A  E  E  I  N  O  M  R  A  H  G  L  R  Y
W  L  L  H  C  S  I  S  S  A  L  K  O  T
S  E  B  O  O  A  L  W  U  J  A  V  V  H
I  O  H  U  D  Z  L  X  M  T  U  K  I  M
N  U  W  N  M  I  Y  T  H  E  F  S  S  I
G  O  P  E  R  K  E  K  T  M  N  Ä  I  S
E  D  A  L  L  A  B  W  Y  P  A  N  E  C
N  M  U  S  I  K  E  R  H  O  H  G  R  H
Y  E  U  P  U  P  I  J  R  V  M  E  E  W
I  N  S  T  R  U  M  E  N  T  E  R  N  K
V  X  H  A  R  M  O  N  I  S  C  H  B  B
```

ALBUM	LYRISCH
BALLADE	MELODIE
SINGEN	MIKROFON
SÄNGER	MUSICAL
KLASSISCH	MUSIKER
AUFNAHME	OPER
HARMONIE	POETISCH
HARMONISCH	RHYTHMUS
IMPROVISIEREN	RHYTHMISCH
INSTRUMENT	TEMPO

54 - Météo

```
R U H I G T A F M D N I W H
V A O D A N R O T M E M O U
T N T R E N N O D E B I L R
H E A M D T E S P S E C K R
I G M V O Y G A M I L K E I
M O R P F S I E N R S P D K
M B T N E N P C H B W C I A
E N H Z R R I H Y A K O H N
L E V L R Y A Z Ä E O O R U
W G P U Ü Y H T E R P K Q S
Y E U V D X L X U Y E U R N
Q R S T U R M G P R Q O S O
T R O C K E N P O L A R V M
H W J L E F B C S U K S W T
```

REGENBOGEN	HURRIKAN
ATMOSPHÄRE	POLAR
BRISE	TROCKEN
NEBEL	DÜRRE
RUHIG	TEMPERATUR
HIMMEL	STURM
KLIMA	DONNER
EIS	TORNADO
MONSUN	TROPISCH
WOLKE	WIND

55 - L'Entreprise

```
M  B  D  L  A  B  O  L  G  L  I  Y  X  Y
Ö  E  G  L  P  Q  U  F  M  E  N  H  Ö  L
G  S  N  E  K  I  S  I  R  D  N  F  P  E
L  C  E  N  S  U  V  U  Y  I  O  O  R  N
I  H  C  O  W  C  E  F  P  E  V  R  Ä  T
C  Ä  R  I  S  T  H  T  Z  W  A  T  S  S
H  F  U  S  O  K  Q  Ä  Z  V  T  S  E  C
K  T  O  S  R  U  F  T  F  I  I  C  N  H
E  I  S  E  B  D  Z  I  M  T  V  H  T  E
I  G  S  F  T  O  W  L  U  A  O  R  A  I
T  U  E  O  U  R  H  A  Z  E  M  I  T  D
V  N  R  R  I  P  Q  U  Q  R  R  T  I  U
H  G  U  P  X  Q  F  Q  J  K  B  T  O  N
I  N  V  E  S  T  I  T  I  O  N  E  N  G
```

GESCHÄFT
KREATIV
ENTSCHEIDUNG
BESCHÄFTIGUNG
GLOBAL
INNOVATIV
INVESTITION
MÖGLICHKEIT
PRÄSENTATION

PRODUKT
PROFESSIONELL
FORTSCHRITT
QUALITÄT
RESSOURCEN
RUF
RISIKEN
LÖHNE

56 - Gouvernement

```
X U W D W F A Z O W S U S G
H S B B T K R Z S T N L Y E
N O I T A N O E N I G L M R
E O X M A T E W I E K E B E
F R I E D L I C H H Z I O C
O E O S V Y T T B H E Z L H
P R B T S N A X K C R I D T
O H E K A U R X U I E T T I
L Ü Z W V W K H S E C S A G
I F I X H Q O S P L H U A K
T L R C P J M R I G T J T E
I Q K N W H E C E D E R S I
K Z I V I L D E N K M A L T
N A T I O N A L G E S E T Z
```

ZIVIL
DEMOKRATIE
REDE
DISKUSSION
BEZIRK
RECHTE
GLEICHHEIT
STAAT
JUSTIZIELL
GERECHTIGKEIT

FÜHRER
FREIHEIT
GESETZ
DENKMAL
NATION
NATIONAL
FRIEDLICH
POLITIK
SYMBOL

57 - Randonnée

```
G  J  F  G  V  U  O  I  C  T  F  H  M  O
F  Ü  H  R  E  R  K  R  W  L  L  H  Ü  R
D  F  N  E  R  E  W  H  C  S  K  S  D  I
V  O  R  B  E  R  E  I  T  U  N  G  E  E
G  A  T  E  T  S  K  K  A  R  T  E  N  N
D  M  X  C  T  W  T  L  X  F  F  Z  N  T
T  I  E  R  E  C  A  E  I  E  X  L  O  I
Z  L  H  D  W  Y  Z  S  I  P  S  E  S  E
Q  K  R  C  V  A  B  N  S  N  P  F  W  R
C  A  M  P  I  N  G  A  Q  E  E  E  I  U
G  I  P  F  E  L  O  T  F  U  R  I  L  N
G  S  T  K  W  R  B  U  W  X  S  T  D  G
X  N  C  A  M  J  A  R  J  V  F  S  Q  W
P  A  R  K  S  E  D  K  I  I  X  Z  X  X
```

TIERE	WETTER
STIEFEL	BERG
CAMPING	NATUR
KARTE	ORIENTIERUNG
KLIMA	PARKS
WASSER	STEINE
KLIPPE	VORBEREITUNG
MÜDE	WILD
FÜHRER	SONNE
SCHWER	GIPFEL

58 - Nutrition

```
G F E R M E N T A T I O N V
A E S S O S I N G J E C S E
N O S K J P M R E L Q W A R
E H A U C F A R W Q S N N D
G X L P N H T G I O A N V A
O J N J T D I C C Z C Z A U
W J Z A I W V Z H E K J H U
E N I E T O R P T Z S Z V N
G S F Z E Q R E T O X I N G
S O S S P G F H T P P V G I
U Z C B P E S A R T E V M N
A U R I A K A L O R I E N C
J D I E Z R Ü W E G Z B Y A
Q Y D I Ä T Q U A L I T Ä T
```

BITTER	FERMENTATION
APPETIT	GEWICHT
KALORIEN	PROTEINE
ESSBAR	QUALITÄT
DIÄT	GESUND
VERDAUUNG	SOSSE
GEWÜRZE	TOXIN
AUSGEWOGEN	VITAMIN

59 - Créativité

```
H  C  S  I  R  E  L  T  S  N  Ü  K  Q  P
T  I  E  K  G  I  H  Ä  F  Y  U  U  X  K
V  N  U  N  N  O  I  T  A  S  N  E  S  F
W  P  T  I  E  K  G  I  S  S  Ü  L  F  D
M  U  W  P  H  A  L  Z  G  C  P  U  D  R
I  F  J  N  E  N  O  I  S  I  V  K  E  A
D  L  I  B  N  O  I  T  I  U  T  N  I  M
E  L  H  Ü  F  E  G  N  U  Y  W  U  F  A
E  V  M  F  F  T  I  E  H  R  A  L  K  T
N  A  T  N  O  P  S  H  L  N  M  N  H  I
I  N  T  E  N  S  I  T  Ä  T  H  M  D  S
C  Z  Y  N  G  K  C  U  R  D  S  U  A  C
E  Z  P  S  E  I  S  A  T  N  A  H  P  H
I  N  S  P  I  R  A  T  I  O  N  T  S  A
```

KÜNSTLERISCH	PHANTASIE
AUTHENTIZITÄT	INSPIRATION
KLARHEIT	INTENSITÄT
FÄHIGKEIT	INTUITION
DRAMATISCH	SENSATION
AUSDRUCK	GEFÜHLE
FLÜSSIGKEIT	SPONTAN
IDEEN	VISIONEN
BILD	

60 - Science Fiction

```
Q  W  Q  O  L  B  K  K  C  C  V  F  N  F
T  R  E  X  E  V  Ü  R  T  A  C  U  W  A
G  E  M  L  B  P  Q  C  I  M  O  T  A  N
A  T  C  V  T  X  M  M  H  B  O  U  Q  T
L  O  M  H  W  Y  E  U  U  E  I  R  I  A
A  B  R  Ä  N  I  G  A  M  I  R  I  L  S
X  O  E  O  U  O  N  I  K  A  A  S  L  T
I  R  U  T  C  S  L  T  V  U  N  T  U  I
E  M  E  R  T  X  E  O  T  X  E  I  S  S
I  A  F  Z  U  G  N  V  G  E  Z  S  I  C
O  R  A  K  E  L  I  A  A  I  S  C  O  H
B  U  N  O  I  S  O  L  P  X  E  H  N  P
G  E  H  E  I  M  N  I  S  V  O  L  L  B
P  C  R  E  A  L  I  S  T  I  S  C  H  Y
```

ATOMIC   IMAGINÄR
KINO   BÜCHER
EXPLOSION   WELT
EXTREM   GEHEIMNISVOLL
FANTASTISCH   ORAKEL
FEUER   REALISTISCH
FUTURISTISCH   ROBOTER
GALAXIE   SZENARIO
ILLUSION   TECHNOLOGIE

61 - Professions #1

```
G J R Y T E R Z K K J L P B
R E L T S N Ü K L A U C I U
P I O X F Z S J E R W I A C
A Q Q L D B I V M T E T N H
B R P Q O V X J P O L R I H
A E Z J M G D R N G I A S A
N G K T O U E O E R E I T L
K Ä B D N X S T R A R N U T
I J E R O W B I C P X E C E
E J F B R L I D K H G R C R
R A U F T E Y E R E H N S I
P L L W S R M G C Y R J C N
G V B J A U P P T Ä N Z E R
R F E U E R W E H R M A N N
```

KÜNSTLER   TRAINER
ASTRONOM   EDITOR
BANKIER   GEOLOGE
JUWELIER   ARZT
KARTOGRAPH   MUSIKER
JÄGER   PIANIST
BUCHHALTER   KLEMPNER
TÄNZER   FEUERWEHRMANN

62 - Géologie

```
V S T A L A K T I T V M E P
M U I Z L A K P R V F O R C
X E L L A R O K R X O X O M
P L I K V H S C F Y C J S I
S L S R A O C X Z M H U I N
T A S T L N H E P H Ö Q O E
B T O M Q A I J Z T H A N R
X S F L M N C E Q S L K P A
R I S Y E G H F T M E S L L
B R Z N N N T A L S B Ä A I
W K L G O T X P Z T E U T E
Q U A R Z V C L I A D R E N
G E S C H M O L Z E N E A V
K O N T I N E N T K O I U J
```

SÄURE	GEYSIR
KALZIUM	LAVA
HÖHLE	MINERALIEN
KONTINENT	STEIN
KORALLE	PLATEAU
SCHICHT	QUARZ
KRISTALLE	SALZ
EROSION	STALAKTIT
GESCHMOLZEN	VULKAN
FOSSIL	ZONE

63 - Cirque

```
K  P  P  Y  D  L  T  W  L  J  I  K  R  H
I  N  Z  N  O  B  Ö  H  Y  R  X  K  U  A
D  B  E  Z  N  S  N  W  N  E  G  I  E  Z
F  D  L  H  Y  P  M  P  E  U  G  S  L  A
C  A  T  L  I  N  S  A  K  A  I  U  G  K
N  L  H  A  F  F  E  R  O  H  M  M  N  R
T  A  H  R  J  T  M  A  S  C  H  B  O  O
Q  W  O  J  K  N  J  D  T  S  L  S  J  B
T  I  E  R  E  A  G  E  Ü  U  O  O  X  A
T  I  G  E  R  F  R  U  M  Z  T  W  W  T
A  X  F  F  B  E  N  T  Y  W  V  C  V  N
M  A  G  I  E  L  L  U  E  N  B  U  B  D
R  G  H  Y  H  E  Z  A  U  B  E  R  E  R
B  A  L  L  O  N  S  V  B  E  O  L  C  S
```

AKROBAT	ZAUBERER
TIERE	MAGIE
BALLONS	ZEIGEN
FAHRKARTE	MUSIK
CLOWN	PARADE
KOSTÜM	AFFE
ELEFANT	ZUSCHAUER
JONGLEUR	ZELT
LÖWE	TIGER

64 - Jardin

```
F B U G X N E D O B R T C W
Q L N X A E T M B N E S A R
S U K S P R T O A H C I E T
T M R J S A A M U Q H I F V
E E A D N R M G M F E X W J
R Y U M I B E S E K N A B A
R T T I L E G C T T E U F W
A V Q Y O U N H Z S T X A L
S B E Y P A Ä L U U R B K Z
S U M R M L H A N U A I E M
E S N Q A I Y U V E G U O I
T C W L R N V C R A C M W K
L H N Y T D D H M N E W B L
J F Q L E F U A H C S A R G
```

BAUM

BANK

BUSCH

ZAUN

TEICH

BLUME

GARAGE

HÄNGEMATTE

GRAS

GARTEN

UNKRAUT

SCHAUFEL

RASEN

VERANDA

RECHEN

BODEN

TERRASSE

TRAMPOLIN

SCHLAUCH

65 - Santé et Bien Être #1

```
B H V B V V F E L V N J B T
A U K E E I R K U C I I J H
K N L H V R W E J A Z T U E
T G I A D U T H A Y I P K R
E E N N T S K T B G D O V A
R R I D I K N O C H E N L P
I R K L E M M P C U M H C I
E E R U H U S A C Q A C Ö E
N F T N N S H A L T U N G H
A L Z G H K F R A K T U R L
L E O X O E V J G N Z U U B
W X Q F W L P F T T R C A P
V E R L E T Z U N G A S X H
C Z U Y G H O R M O N E G L
```

AKTIV	MEDIZIN
BAKTERIEN	MUSKEL
VERLETZUNG	KNOCHEN
KLINIK	HAUT
HUNGER	APOTHEKE
FRAKTUR	HALTUNG
GEWOHNHEIT	REFLEX
HÖHE	THERAPIE
HORMONE	BEHANDLUNG
ARZT	VIRUS

66 - Barbecues

```
E K A N B H R W L Z L A S A
S E C I V U M O Q R I B F G
I O X B O N H U H R F E A E
A W S V X G R C Q W P N M M
C N S S R E F F E F P D I Ü
B D V S E R E M M O S E L S
F R U C H T E T A L A S I E
M I T T A G E S S E N S E L
H E I S S G G I S Z B E A E
H W X U N S R L T E S N A I
Y R E D N I K I S U M L I P
Z W I E B E L N L P A N F S
K J T O M A T E N L E R J Q
Y X V W Q R O H T D F G A M
```

HEISS
MESSER
MITTAGESSEN
ABENDESSEN
KINDER
SOMMER
HUNGER
FAMILIE
FRUCHT
GRILL

SPIELE
GEMÜSE
MUSIK
ZWIEBELN
PFEFFER
HUHN
SALATE
SOSSE
SALZ
TOMATEN

67 - Animaux de Compagnie

```
M A H A M S T E R V W W K Z
A F I S C H S S U O Z E Ä I
U H A S E U K A T Z E L T E
S K L X V K T L Q I U P Z G
S C H I L D K R Ö T E E C E
E W T E L N W S G U F T H P
S Q I G M U I A C U Q N E S
S E E A P H S D S H Q E N E
E W R P P G H O B S W G U C
N F A A N S U A B S E A K S
M Z R P K R A L L E N R N I
K E Z S G E Y Z Z T I K S Z
L G T U L G E S H C E D I E
P G X F B P F E H U L L U V
```

KATZE	HASE
KÄTZCHEN	EIDECHSE
ZIEGE	ESSEN
HUND	PAPAGEI
WELPE	FISCH
KRAGEN	SCHWANZ
WASSER	MAUS
KRALLEN	SCHILDKRÖTE
HAMSTER	KUH
LEINE	TIERARZT

68 - Ferme #1

```
S  O  S  Z  K  S  G  N  V  N  P  H  E  U
V  M  Q  I  R  E  S  S  A  W  Y  N  I  L
K  X  U  E  Ä  C  H  U  H  N  O  S  I  B
R  A  Y  G  H  Q  U  N  F  D  Y  I  D  L
L  R  T  E  E  N  K  P  L  E  S  E  H  A
K  K  L  Z  I  S  I  S  O  N  L  R  O  K
I  I  J  Z  E  R  J  I  S  E  F  D  N  W
J  N  F  L  A  O  O  W  B  I  S  V  I  D
Y  H  H  W  H  U  D  Q  Q  B  T  C  G  Ü
Z  J  D  A  X  G  N  I  E  W  H  C  S  N
E  T  H  R  I  C  U  K  T  Y  W  I  R  G
W  L  O  J  G  Q  H  Q  D  F  R  Z  I  E
R  F  A  E  E  Y  I  N  Y  V  K  E  K  R
P  O  H  E  R  D  E  P  F  E  R  D  Y  F
```

BIENE	KRÄHE
ESEL	WASSER
BISON	DÜNGER
FELD	HEU
KATZE	HONIG
PFERD	HUHN
ZIEGE	REIS
HUND	HERDE
ZAUN	KUH
SCHWEIN	KALB

69 - Café

```
K  D  B  Z  G  E  R  Ö  S  T  E  T  V  F
X  G  N  U  R  P  S  R  U  A  P  W  I  L
E  C  G  C  B  A  O  E  V  Q  J  S  D  Ü
K  O  S  K  B  Z  L  U  Z  D  W  C  G  S
F  N  W  E  Y  I  I  A  W  J  A  H  J  S
V  R  N  R  V  L  T  S  J  K  S  W  M  I
P  R  E  I  S  P  L  T  H  N  S  A  O  G
C  M  A  H  L  E  N  E  E  Ä  E  R  R  K
I  R  E  T  L  I  F  U  W  R  R  Z  G  E
P  G  E  V  V  L  M  I  R  T  E  N  E  I
M  W  A  M  O  R  A  I  C  E  S  Z  N  T
Z  G  O  K  E  S  Y  V  L  G  G  H  S  S
V  T  A  S  S  E  C  M  K  C  D  T  P  T
G  E  S  C  H  M  A  C  K  S  H  U  Y  U
```

SAUER	MORGEN
BITTER	MAHLEN
AROMA	SCHWARZ
GETRÄNK	URSPRUNG
CREME	PREIS
WASSER	GERÖSTET
FILTER	GESCHMACK
MILCH	ZUCKER
FLÜSSIGKEIT	TASSE

70 - Antarctique

```
G E O G R A P H I E B M R E
I F O R S C H E R Z W M B R
B N G S M L E S N I B L A H
U L S N E I L A R E N I M A
C K T E R A G I S L E F T L
H R L E L O G R A F J K Y T
T S E J H N W X A H L W L U
P I W H R E H C S T E L G N
T E M P E R A T U R I W X G
I K U K T N E N I T N O K V
E I S W A S S E R W L X N Ö
E X P E D I T I O N A Y C G
T O P O G R A P H I E L G E
W O L K E N R D J U D O E L
```

BUCHT	GLETSCHER
WALE	INSELN
FORSCHER	MIGRATION
ERHALTUNG	MINERALIEN
KONTINENT	WOLKEN
WASSER	VÖGEL
UMWELT	HALBINSEL
EXPEDITION	FELSIG
GEOGRAPHIE	TEMPERATUR
EIS	TOPOGRAPHIE

71 - Professions #2

```
I  P  X  D  G  F  L  Q  V  J  A  B  D  I
F  N  I  L  E  H  R  E  R  O  S  I  E  L
O  A  G  L  W  W  R  J  E  U  T  B  T  L
T  Y  R  E  O  X  R  A  N  R  R  L  E  U
O  T  U  G  N  T  M  R  T  N  O  I  K  S
G  Z  R  O  I  I  R  G  R  A  N  O  T  T
R  R  I  L  K  Z  E  P  Ä  L  A  T  I  R
A  A  H  O  U  O  D  U  G  I  U  H  V  A
F  N  C  I  Z  O  N  Z  R  S  T  E  A  T
I  H  G  B  K  L  I  M  Z  T  D  K  N  O
M  A  L  E  R  O  F  Q  Y  A  Z  A  B  R
V  Z  T  K  B  G  R  E  H  C  S  R  O  F
H  L  R  P  C  E  E  F  D  N  N  D  A  L
L  I  N  G  U  I  S  T  A  C  P  S  I  Y
```

ASTRONAUT
BIBLIOTHEKAR
BIOLOGE
FORSCHER
CHIRURG
ZAHNARZT
DETEKTIV
LEHRER
ILLUSTRATOR
INGENIEUR

ERFINDER
GÄRTNER
JOURNALIST
LINGUIST
ARZT
MALER
FOTOGRAF
PILOT
ZOOLOGE

72 - Les Abeilles

```
K  Ö  N  I  G  I  N  S  J  G  S  M  A  G
S  C  H  W  A  R  M  I  Q  Q  U  E  M  A
B  G  X  P  F  L  A  N  Z  E  N  T  T  R
V  I  T  Y  K  W  E  W  A  C  H  S  K  T
H  I  E  H  O  B  J  G  D  H  M  Y  L  E
U  B  E  N  N  O  S  I  Ü  Y  P  S  E  N
F  L  P  L  E  P  L  N  X  L  R  O  B  D
R  U  X  Z  F  N  W  O  N  S  F  K  E  P
U  M  B  R  S  A  K  H  B  H  R  Ö  N  O
C  E  K  S  U  I  L  O  N  I  A  W  S  L
H  N  E  S  S  E  N  T  R  Y  U  B  R  L
T  K  E  S  N  I  V  F  Q  B  C  H  A  E
B  L  Ü  T  E  Y  B  O  A  H  H  P  U  N
V  O  R  T  E  I  L  H  A  F  T  Q  M  J
```

FLÜGEL	LEBENSRAUM
VORTEILHAFT	INSEKT
WACHS	GARTEN
VIELFALT	HONIG
SCHWARM	ESSEN
ÖKOSYSTEM	PFLANZEN
BLÜTE	POLLEN
BLUMEN	KÖNIGIN
FRUCHT	BIENENKORB
RAUCH	SONNE

73 - Santé et Bien Être #2

```
G R K R A N K H E I T N N A
N E R W G D I K G R F B B P
U P S S E R T S A D B J D P
N R K U F X E T S L M Y A E
K Ö R N N Y N N S M O L S T
C K A E O D E Y A M F R I I
O G N N I E G V M A B V I T
R E K E T H V I T A M I N E
T W E R K R Y R E V O C E R
S I N G E E I G R E L L A B
U C H I F D E A I V W F M L
A H A E N W Z N J E J K Z U
Z T U T I A W Y Z Q N M V T
D B S G N U R H Ä N R E C Q
```

ALLERGIE
APPETIT
KALORIE
KÖRPER
AUSTROCKNUNG
ENERGIE
GENETIK
KRANKENHAUS
HYGIENE
INFEKTION

KRANKHEIT
MASSAGE
ERNÄHRUNG
GEWICHT
RECOVERY
GESUND
BLUT
STRESS
VITAMIN

74 - Conduite

```
V A C G T B K O F Q F S R P
E J A E T R O T O M U I X O
R J E F K E G U H R S C L L
K J U A P M U A S O S H N I
E U Z H J S Z Z S Z G E T Z
H M N R E E D Z A P Ä R T E
R O E F V N B U S U N H U I
K T Z D A K A R T E G E N Y
X O I A X L R N G S E I N L
Y R L B L B L A F A R T E J
C R F F O T S N N E R B L L
J A Z D S T R A S S E A B K
C D E U K W L G O B V F G W
T R A N S P O R T K Z F X E
```

UNFALL
BUS
LKW
BRENNSTOFF
KARTE
GEFAHR
BREMSEN
GARAGE
GAS
LIZENZ

MOTOR
MOTORRAD
FUSSGÄNGER
POLIZEI
STRASSE
SICHERHEIT
VERKEHR
TRANSPORT
TUNNEL
AUTO

75 - Plantes

```
K  L  D  G  B  M  W  U  R  Z  E  L  W  D
A  C  Ü  R  C  U  E  F  E  R  M  M  A  L
K  Z  N  R  B  A  S  A  R  G  U  V  C  S
T  V  G  B  A  B  H  C  J  Z  L  F  H  L
U  X  E  P  M  L  K  A  H  L  B  R  S  O
S  F  R  F  B  I  I  B  E  E  R  E  E  B
F  Y  L  K  U  U  N  M  U  P  K  Q  N  Q
W  U  K  O  S  D  A  G  A  R  T  E  N  O
D  C  P  S  R  L  T  L  E  S  C  F  N  U
T  S  M  B  D  A  O  B  S  Q  H  S  I  W
L  L  T  Z  U  W  B  O  O  U  F  E  T  M
Y  F  B  F  B  P  J  H  T  M  X  Y  L  O
N  Q  T  T  A  L  B  N  E  T  Ü  L  B  O
U  N  O  I  T  A  T  E  G  E  V  G  O  S
```

BAUM	WALD
BEERE	WACHSEN
BAMBUS	BOHNE
BOTANIK	GRAS
BUSCH	GARTEN
KAKTUS	EFEU
DÜNGER	MOOS
LAUB	BLÜTENBLATT
BLUME	WURZEL
FLORA	VEGETATION

76 - Ferme #2

```
M  S  A  M  U  X  S  E  N  B  Q  M  N  M
X  E  H  S  T  G  C  Y  V  E  G  Z  D  T
B  S  L  E  N  R  H  A  C  W  Z  L  U  O
T  E  N  T  E  G  A  T  D  Ä  T  I  Q  M
H  I  M  A  I  S  F  L  L  S  R  S  E  G
C  W  E  E  S  S  E  N  A  S  A  C  T  W
U  W  E  R  L  A  M  A  M  E  K  H  S  G
R  J  L  E  E  D  P  Q  M  R  T  E  R  J
F  W  Y  F  B  A  U  E  R  U  O  U  E  E
Y  Q  T  Ä  V  I  F  R  B  N  R  N  G  M
Z  Z  B  H  C  L  I  M  H  G  W  E  W  O
L  X  I  C  G  E  M  Ü  S  E  I  Z  B  S
Q  G  P  S  O  B  S  T  G  A  R  T  E  N
B  I  E  N  E  N  S  T  O  C  K  C  F  V
```

LAMM	LAMA
BAUER	GEMÜSE
TIERE	MAIS
SCHÄFER	SCHAF
WEIZEN	ESSEN
ENTE	GERSTE
FRUCHT	WIESE
SCHEUNE	BIENENSTOCK
BEWÄSSERUNG	TRAKTOR
MILCH	OBSTGARTEN

77 - Vacances #2

```
V  I  S  U  M  R  C  E  Z  J  B  F  S  F
E  J  E  W  Y  I  A  W  U  T  H  W  B  L
T  C  S  M  M  H  M  Q  G  V  Z  Q  E  U
R  A  X  D  E  U  P  L  W  E  S  E  Y  G
A  G  X  S  E  T  I  E  Z  I  E  R  F  H
K  U  W  I  R  T  N  U  R  L  A  U  B  A
E  R  S  R  W  Z  G  X  M  Y  S  M  E  F
E  F  E  L  T  R  A  N  S  P  O  R  T  E
V  N  D  I  Ä  D  S  L  P  F  T  N  L  N
A  F  N  G  S  N  Q  X  A  M  O  X  E  Q
R  R  A  P  I  E  D  N  S  T  F  K  Z  I
C  W  R  X  L  P  L  E  S  N  I  I  K  V
H  O  T  E  L  E  P  D  R  Z  E  W  Q  X
R  E  S  T  A  U  R  A  N  T  Z  I  E  L
```

FLUGHAFEN	FOTOS
CAMPING	STRAND
KARTE	RESTAURANT
ZIEL	TAXI
AUSLÄNDER	ZELT
HOTEL	ZUG
INSEL	TRANSPORT
FREIZEIT	URLAUB
MEER	VISUM
PASS	REISE

78 - Temps

```
K M C K K H H X J C E E A X
H C I L R H Ä J E T O A E Y
C D J N H I T B T H V T K S
A Y O A U Q A A Z V C H E H
N P A A I T G L T T V O Z M
T J T X C T E D N U T S W I
J A H R Z E H N T V O R J T
M K C G E S T E R N K E A T
T O A W Q Q F G Y P U D H A
K C N Q V Z N R T I S N R G
X K B A Q N U O U K R E F G
W P W P T M K M F Q U L F E
M A C W V K U M J K Q A H K
P E Y F E I Z D R K P K T S
```

JAHR	UHR
JÄHRLICH	TAG
NACH	JETZT
VOR	MORGEN
BALD	MITTAG
KALENDER	MINUTE
JAHRZEHNT	MONAT
ZUKUNFT	NACHT
STUNDE	WOCHE
GESTERN	

79 - Maison

```
F G S L O O C H W P J B S G
E K H R T E L M A I K O I A
N T E P P I C H N U A Z Z R
S K G S O D M L D L Y J J T
T Ü A C L L V K O A I F Y E
E C R H N E D O B H C A D N
R H A L D G D I R E M M I Z
W E G Ü A E U F I H Y C M F
T Z U S C I S G Z S A T V K
K Ü H S H P C M M K J N M H
I A R E G S H Q Y K Q E G I
R Q M L L U E P M A L S T G
C Z C I D E C K E V M E J J
Q V O C N D Z Q J B F B J T
```

BESEN	GARTEN
ZIMMER	LAMPE
KAMIN	SPIEGEL
SCHLÜSSEL	WAND
ZAUN	DECKE
KÜCHE	TÜR
DUSCHE	VORHANG
FENSTER	TEPPICH
GARAGE	DACH
DACHBODEN	

80 - Légumes

```
P I L Z S A L V T O O Q P B
A U B E R G I N E K L H E R
K N O B L A U C H I I Y T O
E S S E L L E R I E V D E K
S I P C M H T J B F E W R K
C B G I W I A L G T S Z S O
H R U S N S M R E W G N I L
A Ü R K A A O D B A K O L I
L K K X F L T F Ü J O H I Y
O K E B E T A D R H L I E U
T Z L M H C I T T E R T H T
T O A R T I S C H O C K E R
E K A R O T T E E R B S E C
Z W I E B E L T R T G Q Y I
```

KNOBLAUCH
ARTISCHOCKE
AUBERGINE
BROKKOLI
KAROTTE
SELLERIE
PILZ
KÜRBIS
GURKE
SCHALOTTE

SPINAT
INGWER
RÜBE
ZWIEBEL
OLIVE
PETERSILIE
ERBSE
RETTICH
SALAT
TOMATE

81 - Famille

```
R N E R E H E F R A U I C G
K R P B C G J H P E Q K U R
G R O S S M U T T E R F R O
U O F H Z X N N A M E H E S
V Ä T E R L I C H E T T S
V O R F A H R J N K H A T V
M Ü T T E R L I C H C N E A
B C I I T E J J E B O T V T
K D E C H D N I K E T E J E
L Y H Y C U M U T T E R N R
H V D Q I R K I N D E R E K
T E N X N B V A T E R E F Q
I Y I E W K O N K E L M F W
M I K S C H W E S T E R E M
```

VORFAHR
VETTER
KINDHEIT
KIND
KINDER
EHEFRAU
TOCHTER
BRUDER
GROSSMUTTER
GROSSVATER

EHEMANN
MÜTTERLICH
MUTTER
NEFFE
NICHTE
ONKEL
VÄTERLICH
VATER
SCHWESTER
TANTE

82 - Oiseaux

```
N  S  S  A  K  T  M  F  N  M  E  H  L  D
B  A  T  S  S  O  Q  L  N  H  M  J  V  L
P  C  D  O  O  F  U  A  F  P  Z  K  F  O
L  X  V  B  R  U  H  M  T  A  U  B  E  E
K  R  Ä  H  E  C  R  I  E  G  A  P  A  P
S  P  S  A  S  T  H  N  A  K  I  L  E  P
E  I  C  D  S  P  O  G  V  H  S  W  L  S
N  N  H  L  N  T  A  O  V  U  E  M  Q  P
T  G  W  E  R  R  R  T  E  H  B  X  L  J
E  U  A  R  Z  A  U  A  Z  N  G  A  N  S
H  I  N  A  C  U  O  T  U  V  C  T  E  F
X  N  P  F  V  S  D  E  I  S  M  Ö  W  E
K  U  C  K  U  C  K  S  G  S  S  E  V  F
R  E  I  H  E  R  L  M  S  S  O  P  E  D
```

ADLER	PINGUIN
STRAUSS	SPATZ
ENTE	MÖWE
STORCH	EI
TAUBE	GANS
KRÄHE	PFAU
KUCKUCK	PAPAGEI
SCHWAN	PELIKAN
FLAMINGO	HUHN
REIHER	TOUCAN

83 - Disciplines Scientifiques

```
M I N E R A L O G I E I U E
A R C H Ä O L O G I E W U P
G E O L O G I E I M E H C S
M N K I T S I U G N I L S Y
E U E I M O T A N A G Z O C
C M I U X O Z T K B O Ö Z H
H P G D R A P S S N L K I O
A D O I L O R P E S O O O L
N R L I G B L T J K R L L O
I R O C I E S O X N O O O G
K K I N A T O B G X E G G I
G G B A T Y R F U I T I I E
B I O C H E M I E L E E E R
T H E R M O D Y N A M I K Y
```

ANATOMIE
ARCHÄOLOGIE
BIOCHEMIE
BIOLOGIE
BOTANIK
CHEMIE
ÖKOLOGIE
GEOLOGIE

LINGUISTIK
MECHANIK
METEOROLOGIE
MINERALOGIE
NEUROLOGIE
PSYCHOLOGIE
SOZIOLOGIE
THERMODYNAMIK

84 - Émotions

```
F N E D E I R F U Z G E Ü Z
R U H E A J W P E D F N B Ä
G R L G I N T U I J R T E R
V C O I C R K A T P E S R T
T M Ä H C S E B Q Y U P R L
F N X U W N L I A C D A A I
E R O R H A I K M R E N S C
I I I H O R E M H Q X N C H
L N K E K R W X B W R T H K
E H F H D N E L I E B E E E
R A I C E E G A N G S T N I
Z L T X A Y N O I U V Y X T
T T E I H T A P M Y S K X V
H W P L O I L M Y R E T A J
```

LIEBE
RUHIG
WUT
INHALT
ENTSPANNT
BESCHÄMT
LANGEWEILE
FREUDE
FRIEDEN

ANGST
DANKBAR
RELIEF
ZUFRIEDEN
ÜBERRASCHEN
SYMPATHIE
ZÄRTLICHKEIT
RUHE

85 - Univers

```
D R J L H E M I S P H Ä R E
U S E R Ä H P S O M T A K G
N N W Z D N O M E Z I W J A
K N I W Z H G N E S B K I L
E T I E R B P E Z S R I U A
L E D N E W N E N N O S S X
H T I L H S O E Ä G P L R I
E E O A L A E M Q S R G A E
I E R R C Z L H U R Y A S R
T L E M M I H M A G N E D C
E O T E H R A B T H C I S H
F B S W M G T N O Z I R O H
K H A P M O N O R T S A Z T
A S T R O N O M I E N Q G Z
```

ASTEROID   BREITE
ASTRONOM   LÄNGENGRAD
ASTRONOMIE   MOND
ATMOSPHÄRE   DUNKELHEIT
HIMMEL   ORBIT
ÄQUATOR   SOLAR
GALAXIE   SONNENWENDE
HEMISPHÄRE   SICHTBAR
HORIZONT

86 - Géographie

```
P O A J W H N H M C X X T R
K H J B F G I O B D K S Q M
F W F N X F J M G Q W E L T
Y L N O R D E N S A L T A M
Q T U B E R G R Ü W T P C E
A A B S S F H O D K E O G R
Q M W W S P N A E Z O S W I
I H E D T L E S N I X Z T D
X Ö A E A A K A R T E M E I
C H H H R N O I G E R X I A
B E B F T D A T S K M L B N
H E M I S P H Ä R E D K E F
B R E I T E N G K N P G G R
F R S H C K O N T I N E N T
```

HÖHE	WELT
ATLAS	BERG
KARTE	NORDEN
KONTINENT	OZEAN
FLUSS	WEST
HEMISPHÄRE	LAND
INSEL	REGION
BREITE	SÜDEN
MEER	GEBIET
MERIDIAN	STADT

87 - Danse

```
U H C S I S S A L K C A Z S
L K E B O R P V P U H U T P
V Ö I V D B S G A L O S R R
E R M J D R C D R T R D A I
M P E K U N S T T U E R D N
O E D G X I W J N R O U I G
T R A N Q S W U E E G C T E
I E K U L T U R R L R K I N
O S A T M U S I K L A S O U
N U C L P A D C J D P V N J
Q Y W A U P N C N S H O E M
J G N H L M R M Z V I L L D
R H Y T H M U S U T E L L I
B E W E G U N G U T F B I L
```

AKADEMIE
KUNST
CHOREOGRAPHIE
KLASSISCH
KÖRPER
KULTUR
KULTURELL
AUSDRUCKSVOLL
EMOTION

ANMUT
BEWEGUNG
MUSIK
PARTNER
HALTUNG
PROBE
RHYTHMUS
SPRINGEN
TRADITIONELL

88 - Bâtiments

```
M C A P A R T M E N T R G Z
S U P E R M A R K T N H T R
S C H E U N E M S H B O D J
D R K G S O N U R X L T R F
I Q I A N I I S W U V E J H
Y P N R V D Z E G L T L E Z
Z C O A Q A G U N G G K O X
T X V G X T T M V U N I Q I
Y K T M I S C H H V M R J D
Z U P R V T E N E N I B A K
S C H L O S S O M A T A R S
K M M S C H U L E L T F M S
U N I V E R S I T Ä T E T S
L A B O R P K E P E V K R B
```

APARTMENT
KABINE
SCHLOSS
KINO
SCHULE
GARAGE
SCHEUNE
HOTEL
LABOR

MUSEUM
STADION
SUPERMARKT
ZELT
THEATER
TURM
UNIVERSITÄT
FABRIK

89 - Activités et Loisirs

```
B T A U C H E N Y A Q A T G
G O L L A B Y E L L O V E A
T J X T W A D C O Z C V N R
N N Q E E S N E F R U S N T
R D A K N E E G A H U G I E
W E J Y P B N I O S T E S N
A C N O P A N R J L W M E A
N A O N E L A E I F F Ä I R
D M B K E L P P V U R L B B
E P U F L N S G J K L D B E
R I B Z Y N T S N U K E O I
N N Z C E A N G E L N J H T
H G R H H N E M M I W H C S
F U S S B A L L R E I S E C
```

KUNST   GEMÄLDE
BASEBALL   ANGELN
BOXEN   TAUCHEN
CAMPING   WANDERN
RENNEN   ENTSPANNEND
FUSSBALL   SURFEN
GOLF   TENNIS
GARTENARBEIT   VOLLEYBALL
SCHWIMMEN   REISE
HOBBIES

90 - Livres

```
L E S E R O T U A X W L M U
L E T H C I H C S E G D L J
O E X I T R A G I S C H P X
V P E S E C U K Q D E T O W
R I T T Y S D T H C I D E G
O S N O I T K E L L O K S T
M C O R R E L H Ä Z R E I Y
U H K I O E I J I T Q E E Q
H N H S Z H L V X Y O O R K
Z Q H C S I R E D N I F R E
G P I H E A B U V S E R I E
R O M A N G Q H C A X P Z S
W T O W T R E U E T N E B A
D U A L I T Ä T F L O T V Z
```

AUTOR	LESER
ABENTEUER	ERZÄHLER
KOLLEKTION	SEITE
KONTEXT	RELEVANT
DUALITÄT	GEDICHT
EPISCH	POESIE
GESCHICHTE	ROMAN
HISTORISCH	SERIE
HUMORVOLL	TRAGISCH
ERFINDERISCH	

91 - Pays #2

```
U G A N D A I L A M O S J J
M E X I K O J K B P W R A A
S Y R I E N V R E G P P M P
L I B A N O N A R N A I A A
N B A N I N S M U A I F I N
W F H E A Y F E S D T A K W
P A K I S T A N S U I F A H
A X B S L H M Ä L S A R T E
D H W E Z A Y D A J H K C M
H H K N C F O E N I A R K U
M S Y O U H R S D J D J J E
Q S O D H C I E R K N A R F
G Z R N G X F N I R L A N D
H N E I N A B L A L E S X R
```

ALBANIEN	LAOS
CHINA	LIBANON
DÄNEMARK	MEXIKO
FRANKREICH	UGANDA
HAITI	PAKISTAN
INDONESIEN	RUSSLAND
IRLAND	SOMALIA
JAMAIKA	SUDAN
JAPAN	SYRIEN
KENIA	UKRAINE

92 - Eau

```
B  B  I  X  I  I  H  W  E  L  L  E  N  S
D  A  M  P  F  I  S  U  C  W  B  Z  A  G
F  L  U  T  G  F  C  G  R  C  N  H  E  G
G  F  L  U  S  S  H  E  D  R  N  L  Z  N
F  R  O  S  T  X  N  Y  U  L  I  Q  O  U
K  A  N  A  L  M  E  S  S  L  O  K  R  T
P  R  M  N  L  F  E  I  C  Q  Y  M  A  S
X  H  D  E  R  E  E  R  H  I  B  R  B  N
J  R  W  T  K  O  S  U  E  L  F  E  K  U
E  B  R  B  B  X  C  V  C  S  L  G  N  D
U  I  G  M  O  N  S  U  N  H  H  E  I  R
Q  Z  S  C  E  E  T  Q  L  S  T  N  R  E
B  E  W  Ä  S  S  E  R  U  N  G  M  T  V
F  E  U  C  H  T  I  G  K  E  I  T  X  X
```

KANAL	BEWÄSSERUNG
DUSCHE	SEE
VERDUNSTUNG	MONSUN
FLUSS	SCHNEE
FROST	OZEAN
GEYSIR	HURRIKAN
EIS	REGEN
FEUCHT	TRINKBAR
FEUCHTIGKEIT	WELLEN
FLUT	DAMPF

93 - Jazz

```
K X B T O L O S R O N E U K
T Ü I R T R E Z N O K L C O
E M N E J M C Y N G E Y H M
C U B S U U A H V D I L O P
H S V U T B Z J E O L I T O
N I B M R L I T S S N E M N
I K U H B A E Z U S T D H I
K I A T G E O R W H N E Ü S
E I V Y B K T S F U E Z R T
A C T H J C S O L N L I E P
Y A E R Q R G Y N B A J B J
F A V O R I T E N U T S E K
G E N R E P R P Q G N G G V
S C H L A G Z E U G S G Y Z
```

BETONUNG
ALBUM
KÜNSTLER
BERÜHMT
LIED
KOMPONIST
KONZERT
FAVORITEN
GENRE

MUSIK
NEU
ORCHESTER
RHYTHMUS
SOLO
STIL
TALENT
SCHLAGZEUG
TECHNIK

94 - Paysages

```
S T R A N D E D F Q S R H J
L B F A J N T V L Q S E O C
N E T S Ü W A H S U P H E F
A R D N U T L K Ö V B C G T
K G R E B S I E W H S S K C
L N I N S E L Z M N L T T B
U U W V R H V Y B A E E D E
V D O A S E F N N U G L H U
B N F L U S S N I U Ü G Z L
T Ü S F P M U S L K H X J J
Z M K J R C E X N D Y E G T
A G E Y S I R E E G O B E K
G U S Y L L A F R E S S A W
H A L B I N S E L C R G V K
```

WASSERFALL   SEE
HÜGEL   SUMPF
WÜSTE   MEER
MÜNDUNG   BERG
FLUSS   OASE
GEYSIR   HALBINSEL
GLETSCHER   STRAND
HÖHLE   TUNDRA
EISBERG   TAL
INSEL   VULKAN

95 - Pays #1

```
M H A J K R E I R L U I I N
D A T T A I C N K I Q N S O
E B L E N F U D G B P N R R
U R C I A W A I S Y A E A W
T A Z I D M D E S E N N E E
S S L G A L O N I N A I L G
C I O K K O R A M O M P G E
H L P Y W A L V H D A P C N
L I F A R G E N T I N I E N
A E S P A N I E N D E L D D
N N E I N Ä M U R X L I U E
D N A L N N I F T H O H V S
N I C A R A G U A H P P S O
A F G H A N I S T A N A D J
```

AFGHANISTAN	LIBYEN
DEUTSCHLAND	MALI
ARGENTINIEN	MAROKKO
BRASILIEN	NICARAGUA
KANADA	NORWEGEN
SPANIEN	PANAMA
ECUADOR	PHILIPPINEN
FINNLAND	POLEN
INDIEN	RUMÄNIEN
ISRAEL	

96 - Nombres

```
V I E R Z E H N A W G I I E
A E E N N E U N Z E H N W X
Z R W W U Q V F I U W J Y E
N D N I Z L O O D Z E H N E
H I H O A A L U I Z S K D P
E M E F Ü N F V E T E A R U
Z Y Z K E P B V A R E C H T
F S B S O M F L Ö W Z H S V
N H E Z T H C A D A Y T A I
Ü C I W N M G M N I I J G E
F E S U G J G I Z N A W Z R
Q S S Y N H E Z H C E S U H
Q N E U N D R E I Z E H N J
W J Q I D W L D S I E B E N
```

FÜNF	VIERZEHN
ZWEI	VIER
DEZIMAL	FÜNFZEHN
ZEHN	SECHZEHN
ACHTZEHN	SIEBEN
NEUNZEHN	SECHS
SIEBZEHN	DREIZEHN
ZWÖLF	DREI
ACHT	ZWANZIG
NEUN	NULL

97 - Nature

```
N F U T D W A R K T I S R S
O H C S I P O R T S U J H C
I E C A K P T L T P O K M H
S K W W U I V A K V Y G U U
O H L I K Y I B Q E I A T T
R V P N L F L U S S N Q G Z
E T S Ü W D O A F S A X I H
Z I F R I E D L I C H A L C
R E H C S T E L G X G M I P
B R B I E N E N R E T I E H
G E M E D Y N A M I S C H Y
N E B E L W A L D H P H M I
T S C H Ö N H E I T Z P X T
L E B E N S W I C H T I G V
```

BIENEN
SCHUTZ
TIERE
ARKTIS
SCHÖNHEIT
NEBEL
WÜSTE
DYNAMISCH
EROSION
LAUB

FLUSS
WALD
GLETSCHER
WOLKEN
FRIEDLICH
HEILIGTUM
WILD
HEITER
TROPISCH
LEBENSWICHTIG

98 - Chimie

```
S  D  Q  B  G  N  O  R  T  K  E  L  E  W
N  U  K  L  E  A  R  O  I  L  N  Ü  M  A
H  S  U  R  I  R  H  L  E  C  Z  K  E  S
K  I  A  C  Z  Z  E  H  K  K  Y  E  T  S
F  O  T  L  H  H  E  C  G  J  M  L  A  E
F  A  H  Z  Z  X  S  N  I  B  N  O  L  R
O  J  W  L  E  R  U  Ä  S  A  G  M  L  S
T  U  X  I  E  I  V  P  S  Y  F  A  E  T
S  W  Q  I  H  N  O  I  Ü  S  X  Z  X  O
R  W  R  O  T  A  S  Y  L  A  T  A  K  F
E  H  T  Q  W  R  M  T  F  F  H  U  B  F
U  G  E  W  I  C  H  T  O  G  R  L  C  W
A  L  K  A  L  I  S  C  H  F  W  L  U  O
S  A  T  O  M  I  C  T  A  I  F  E  L  K
```

SÄURE	WASSERSTOFF
ALKALISCH	ION
ATOMIC	FLÜSSIGKEIT
KOHLENSTOFF	METALLE
KATALYSATOR	MOLEKÜL
HITZE	NUKLEAR
CHLOR	SAUERSTOFF
ENZYM	GEWICHT
ELEKTRON	SALZ
GAS	

99 - Bateaux

```
F  L  O  O  U  P  C  N  M  T  C  F  O  N
L  M  E  B  F  R  E  A  Q  Y  R  A  J  A
O  B  G  Z  C  T  U  N  A  K  E  C  E  U
S  Q  M  F  D  L  B  K  F  J  W  I  E  T
S  K  Q  N  N  A  M  E  E  S  H  Z  O  I
Z  F  Z  A  R  M  A  R  E  B  O  J  E  S
W  K  U  E  U  A  S  E  S  F  K  L  D  C
E  B  I  Z  T  Z  T  E  F  C  Ä  A  F  H
L  M  J  O  Q  B  D  M  H  L  X  H  K  G
L  M  O  T  O  R  S  E  I  L  U  Q  R  Y
E  S  E  G  E  L  B  O  O  T  T  S  Q  E
N  K  A  J  A  K  Y  A  C  H  T  I  S  G
E  P  Q  O  J  U  Y  G  Z  H  F  H  D  Q
K  T  D  A  K  J  Q  B  I  H  Z  T  H  E
```

ANKER	SEEMANN
BOJE	MAST
KANU	MEER
SEIL	MOTOR
CREW	NAUTISCH
FÄHRE	OZEAN
FLUSS	FLOSS
KAJAK	WELLEN
SEE	SEGELBOOT
TIDE	YACHT

100 - Mesures

```
H M E T E R E T E M O L I K
Ö M Z Z N K B R Z L C A L R
H A N B N P A T J I T N W K
E R U E O S K H I T Y Y K Z
P G B B T K M C E E G J X H
G O K C F Y H I G R A A A E
R L H A O T W W N E W S W U
A I B Y T E B E Ä U Z O L L
D K G R A M M G L K T Z A R
T R E T E M I T N E Z E M D
B R E I T E A K T Z C F I O
V O L U M E N S I Y G E Z G
W F R B Z K S K S D M I E X
L P O G K Z U C I E U T D S
```

ZENTIMETER	MASSE
GRAD	METER
DEZIMAL	MINUTE
GRAMM	BYTE
HÖHE	UNZE
KILOGRAMM	GEWICHT
KILOMETER	ZOLL
BREITE	TIEFE
LITER	TONNE
LÄNGE	VOLUMEN

1 - Adjectifs #2

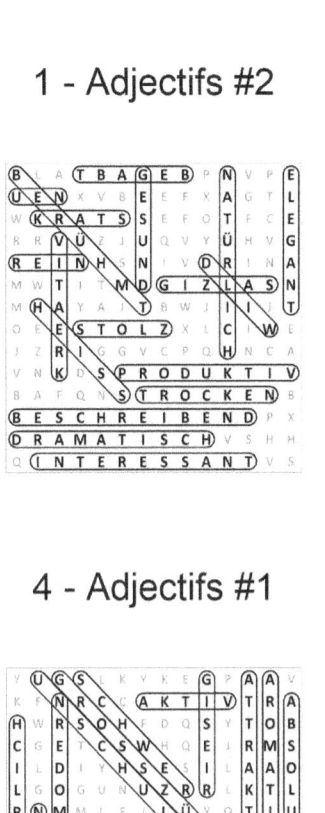

2 - Exploration

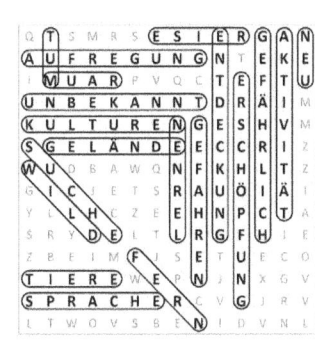

3 - Formes

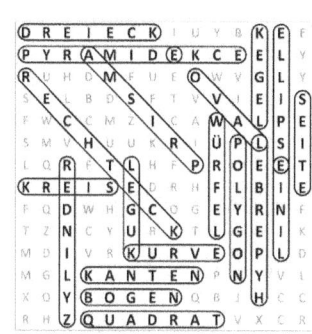

4 - Adjectifs #1

5 - Instruments de Musique

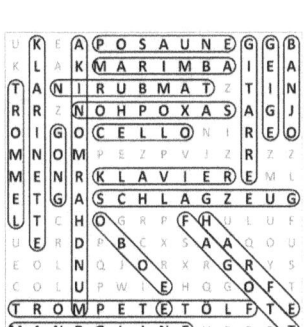

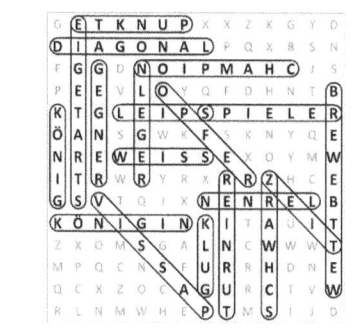

6 - Échecs

7 - Herboristerie

8 - Véhicules

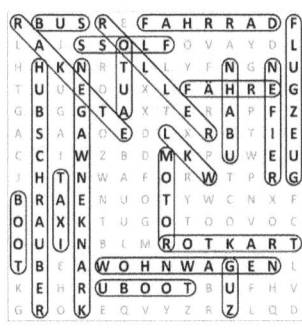

9 - Camping

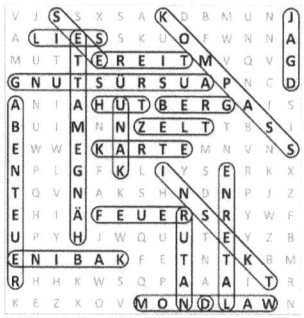
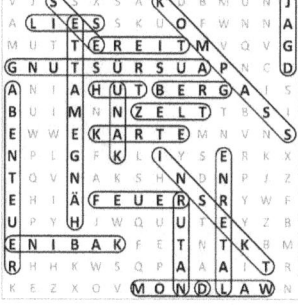

10 - Écologie

11 - Géométrie

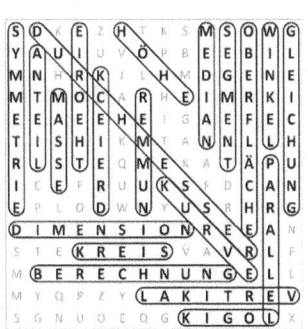

12 - Diplomatie

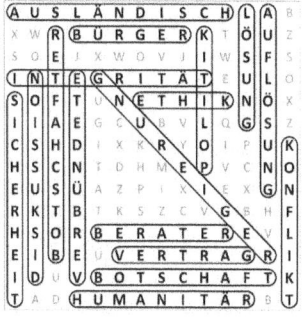

13 - Électricité

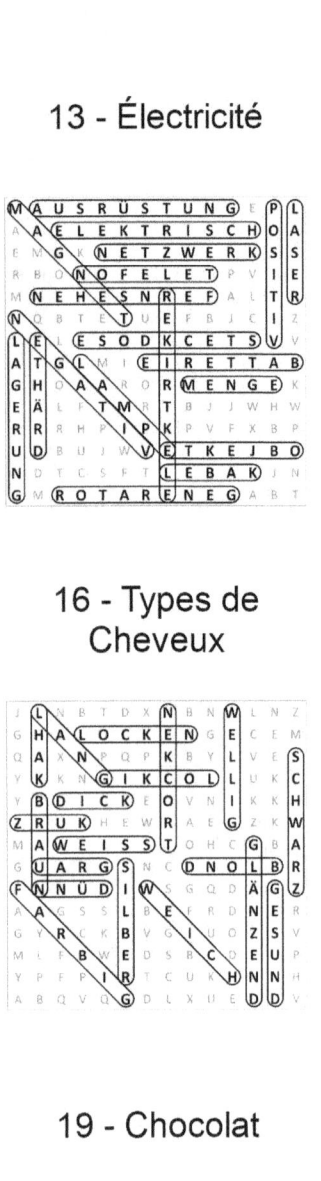

14 - Astronomie

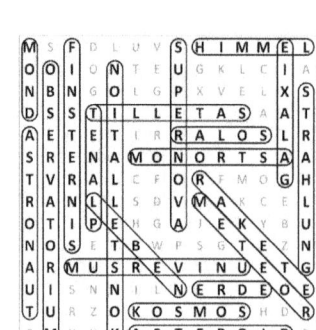

15 - Physique

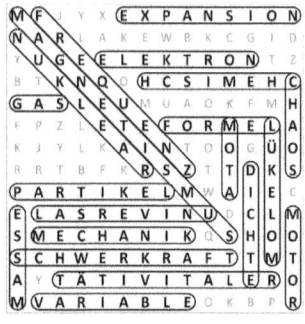

16 - Types de Cheveux

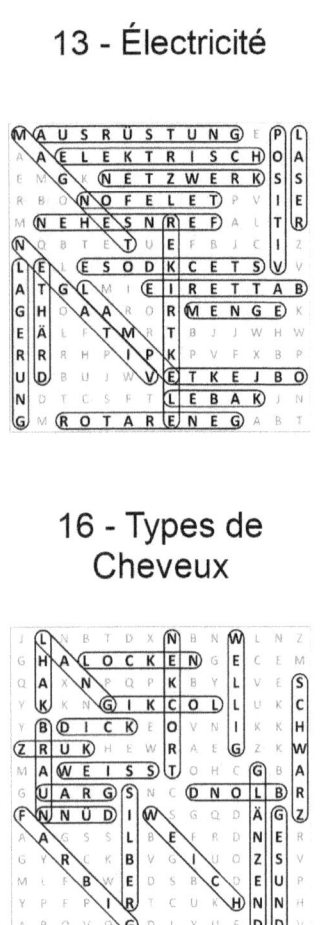

17 - Archéologie

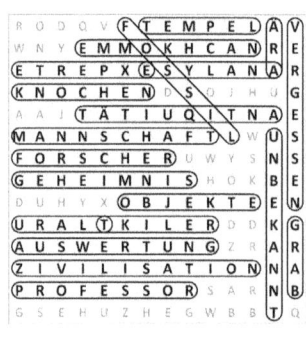

18 - Mammifères

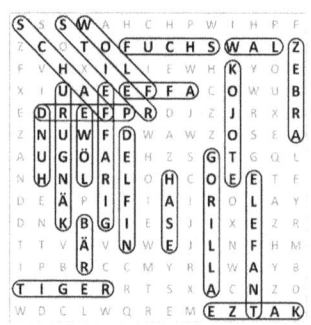

19 - Chocolat

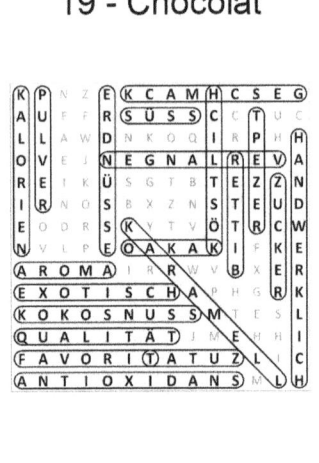

20 - Mathématiques

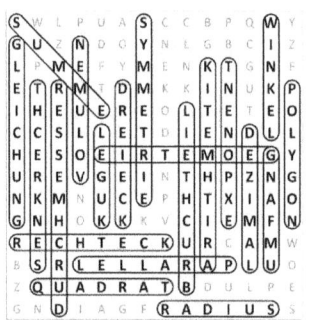

21 - Sport

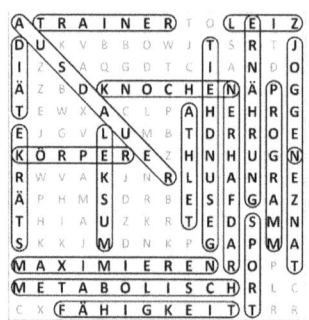

22 - Mythologie

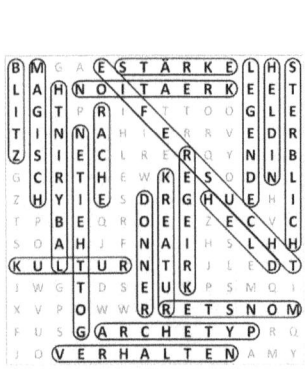

23 - Restaurant #2

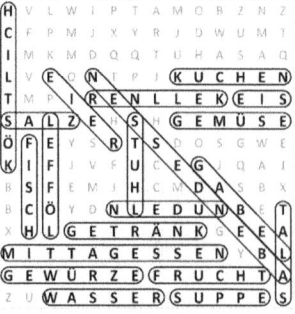

24 - Couleurs

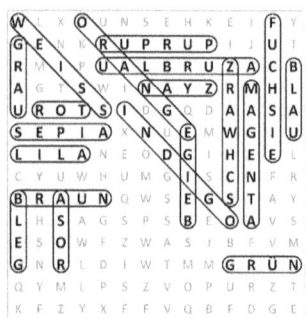

25 - Beauté

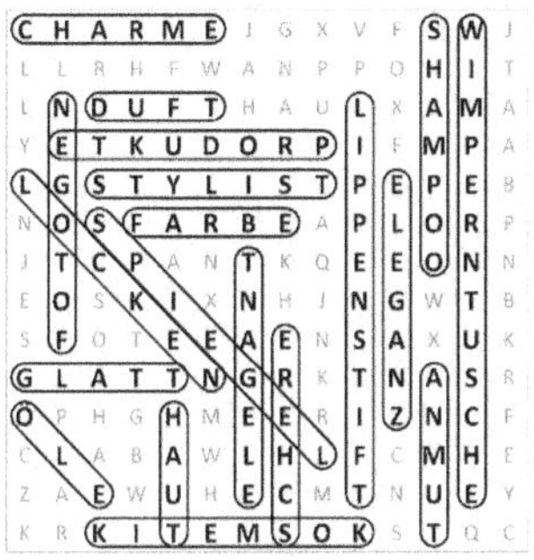

26 - Avions

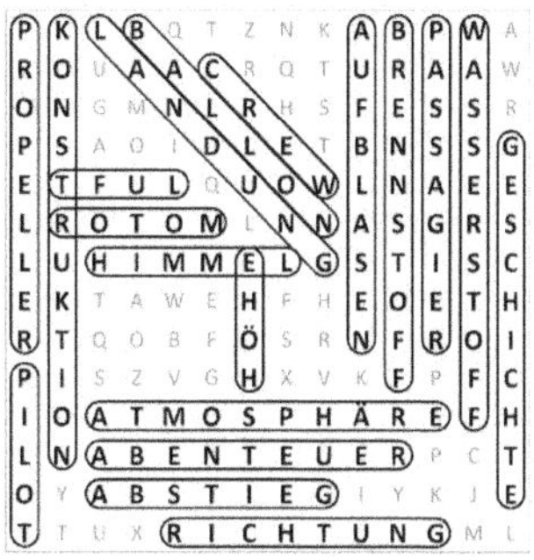

27 - Aventure

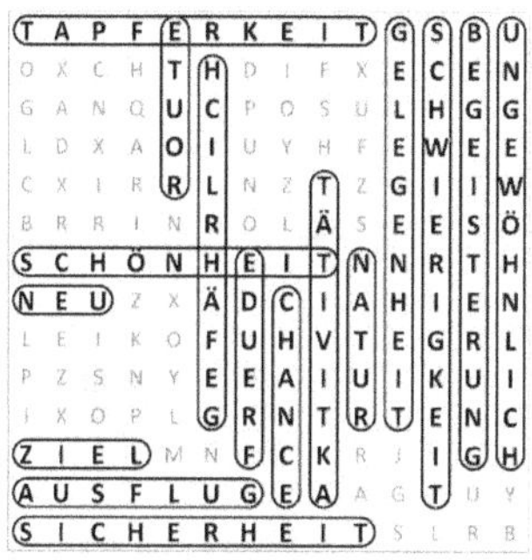

28 - Ville

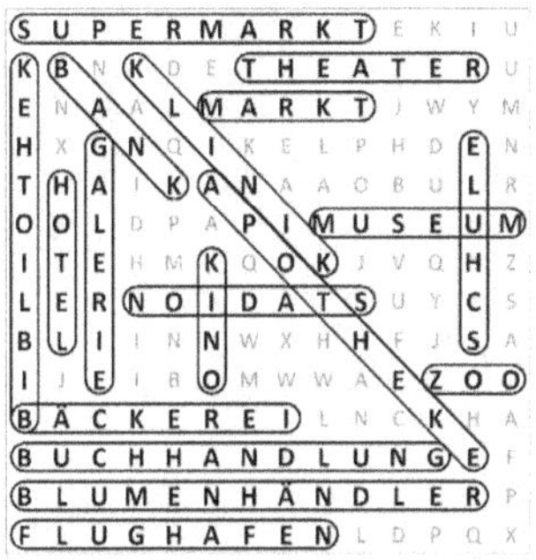

29 - Ingénierie

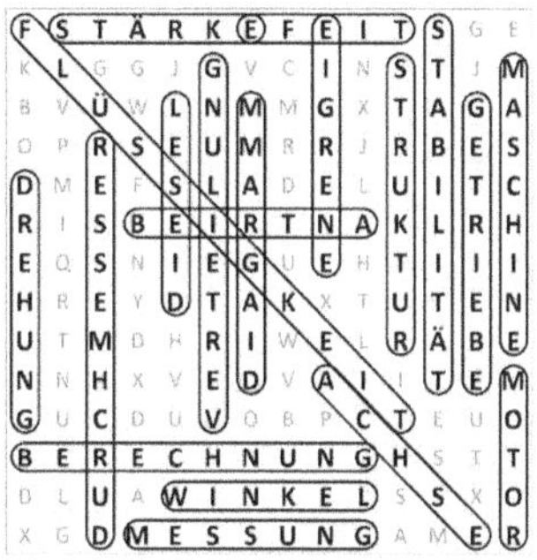

30 - Énergie

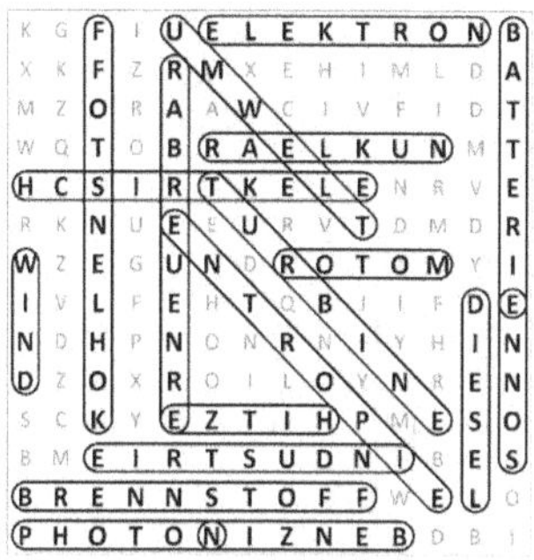

31 - Corps Humain

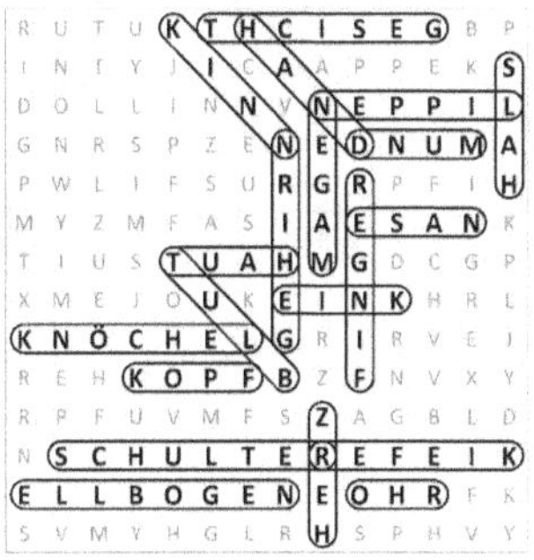

32 - Épices

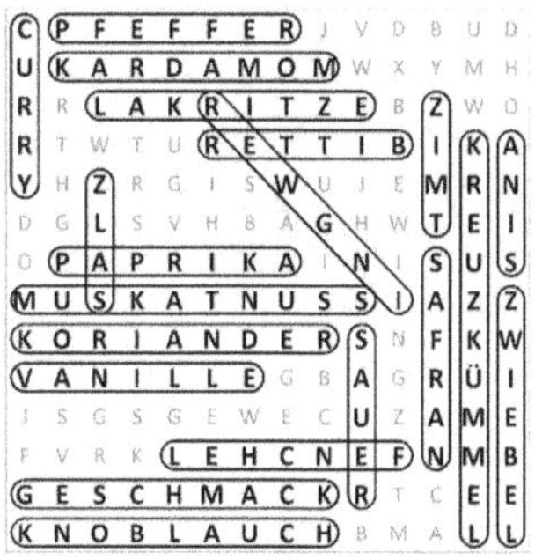

33 - Vêtements

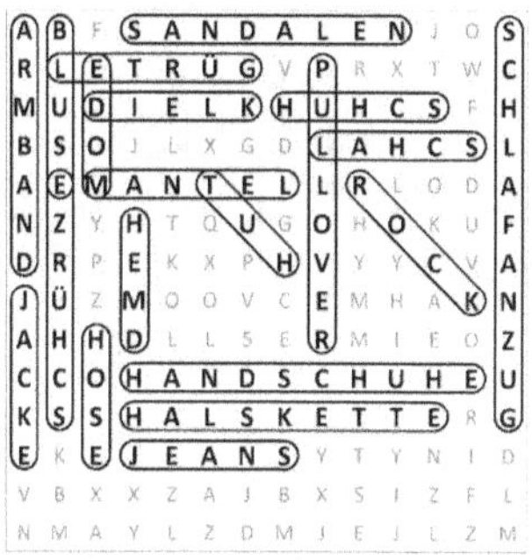

34 - Arts Visuels

35 - Méditation

36 - Littérature

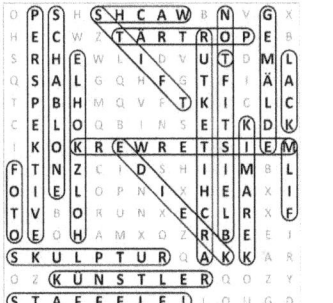
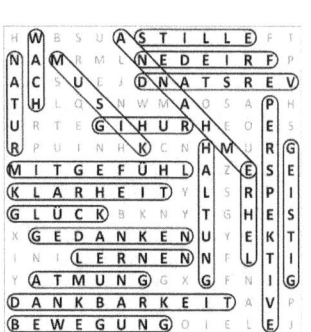
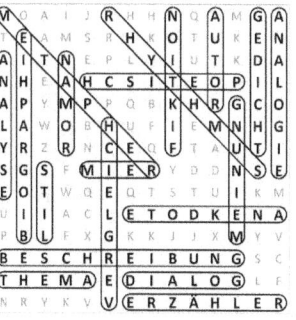

37 - Nourriture #1

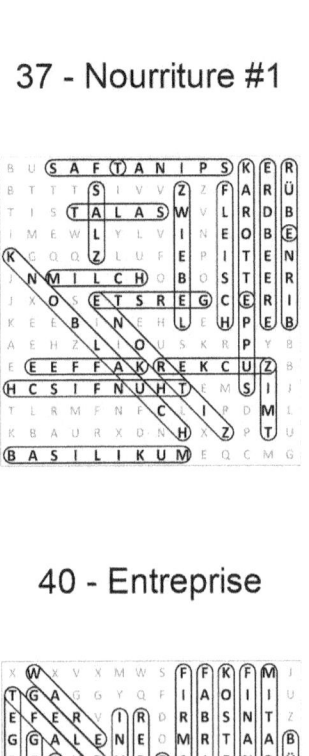

38 - Jours et Mois

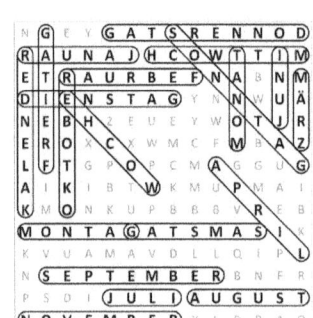

39 - Jardinage

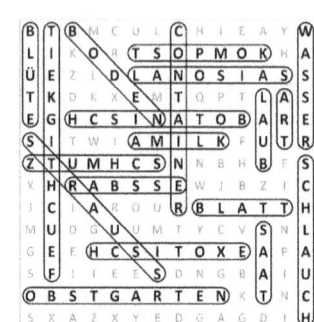

40 - Entreprise

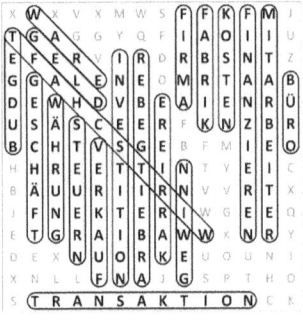

41 - Activités

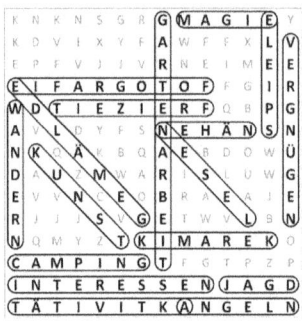

42 - Mode

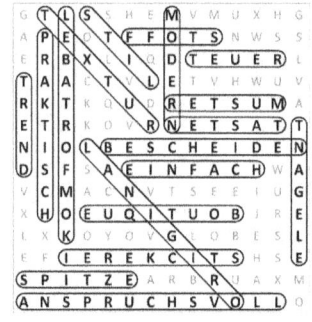

43 - Fleurs

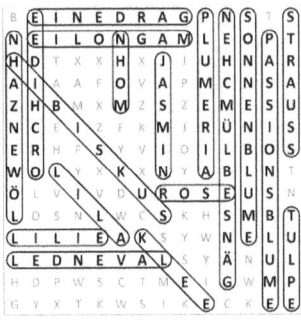

44 - Nourriture #2

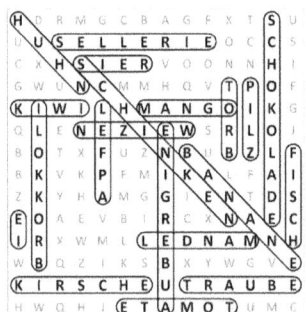

45 - Algèbre

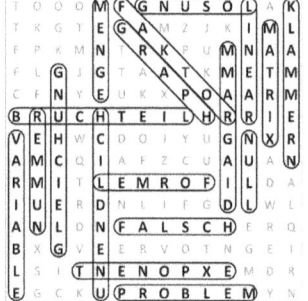

46 - Océan

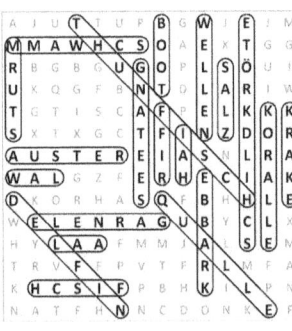

47 - Remplir

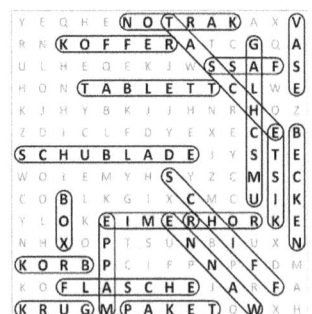

48 - Antiquités

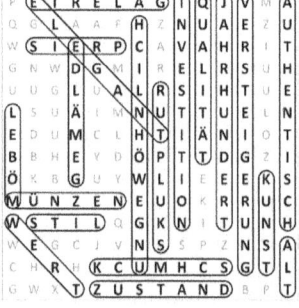

49 - Boxe

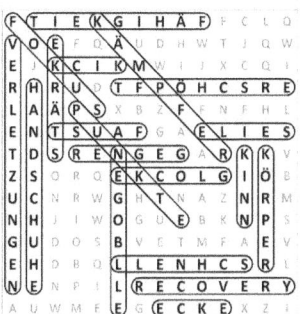

50 - Ballet

51 - Fruit

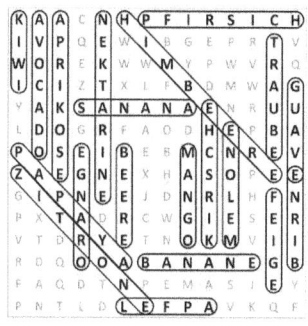

52 - Technologie

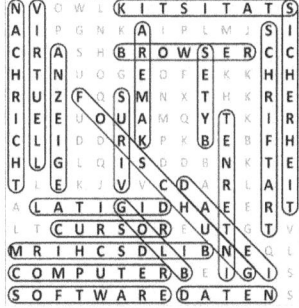

53 - Musique

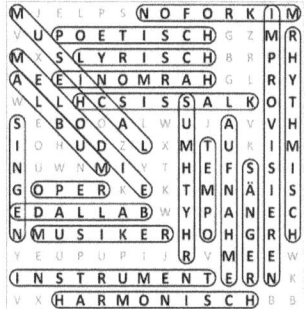

54 - Météo

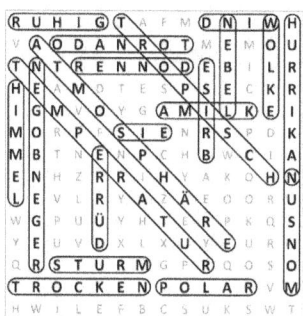

55 - L'Entreprise

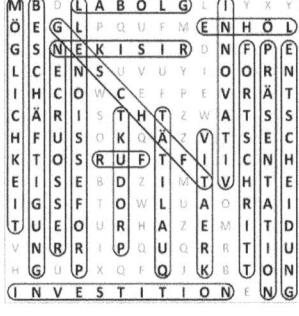

56 - Gouvernement

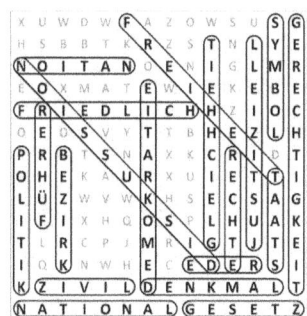

57 - Randonnée

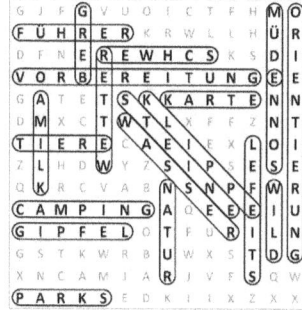

58 - Nutrition

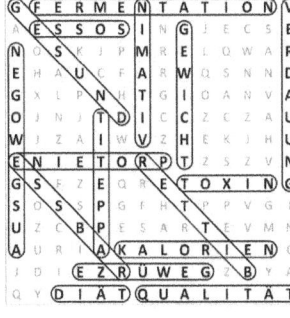

59 - Créativité

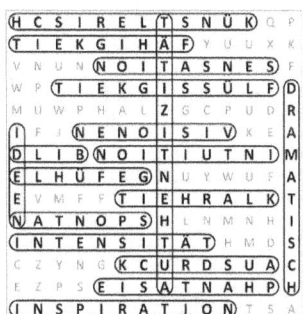

60 - Science Fiction

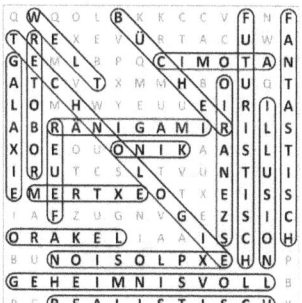

61 - Professions #1

62 - Géologie

63 - Cirque

64 - Jardin

65 - Santé et Bien Être #1

66 - Barbecues

67 - Animaux de Compagnie

68 - Ferme #1

69 - Café

70 - Antarctique

71 - Professions #2

72 - Les Abeilles

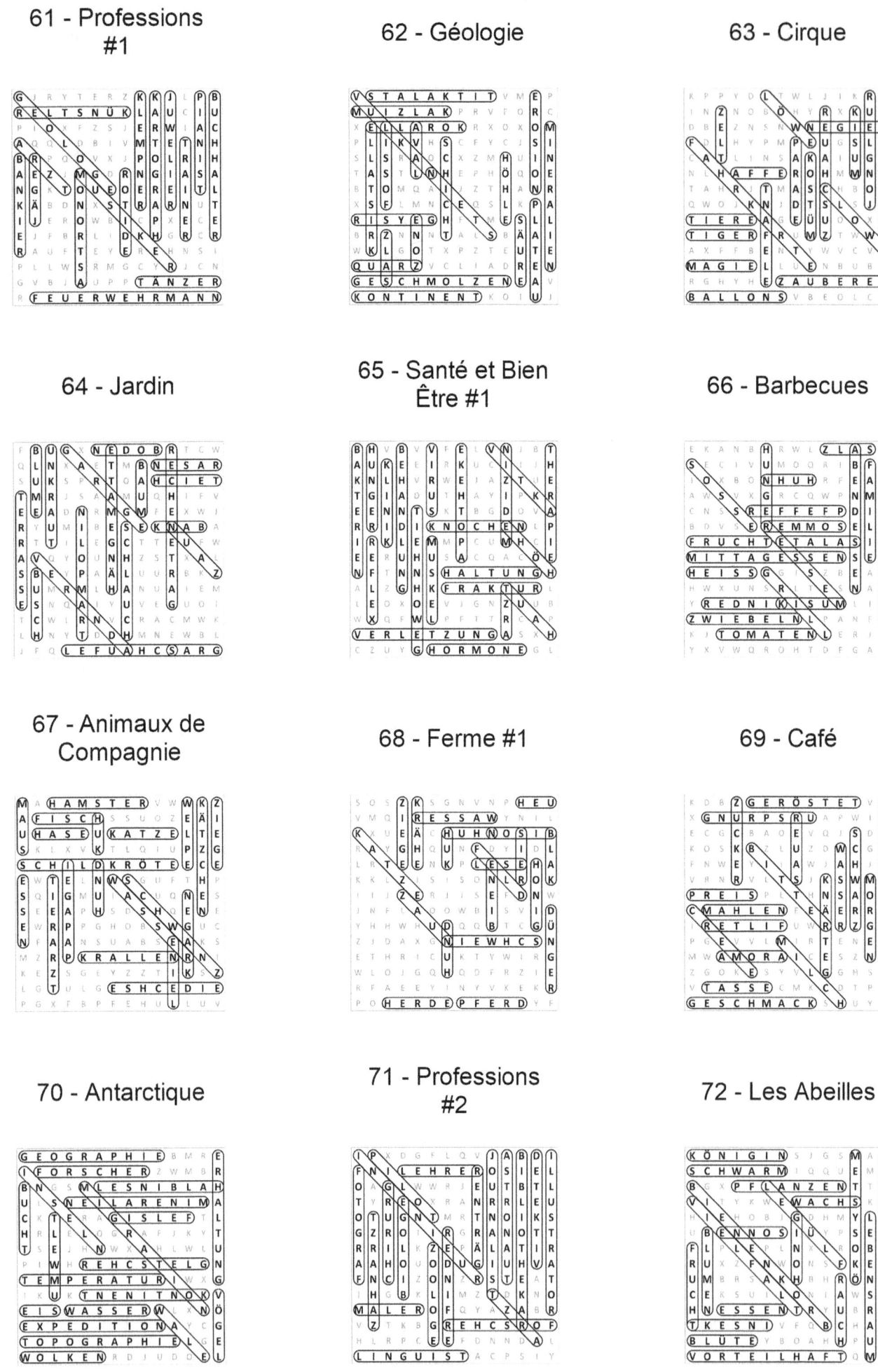

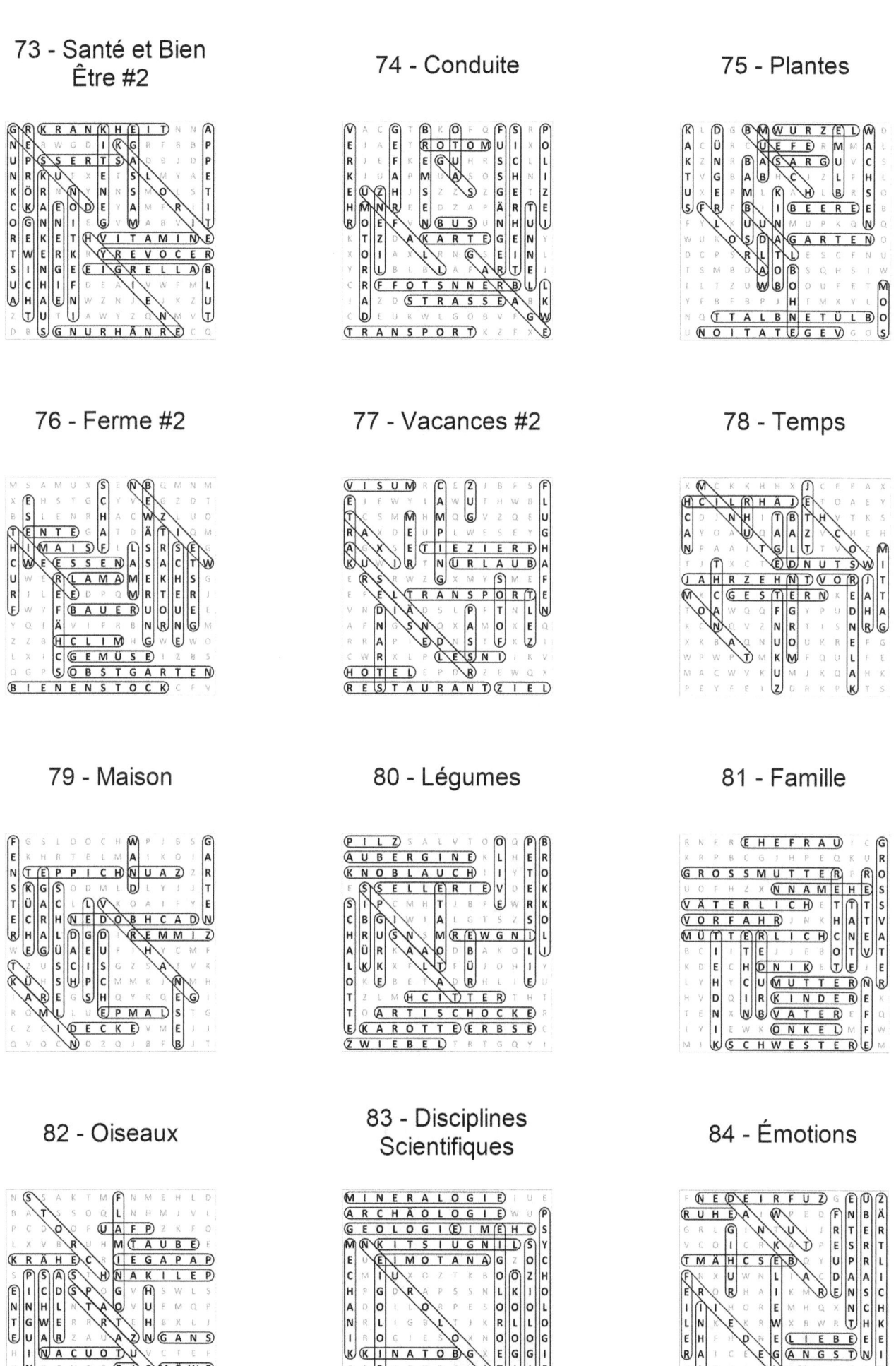

73 - Santé et Bien Être #2

74 - Conduite

75 - Plantes

76 - Ferme #2

77 - Vacances #2

78 - Temps

79 - Maison

80 - Légumes

81 - Famille

82 - Oiseaux

83 - Disciplines Scientifiques

84 - Émotions

85 - Univers

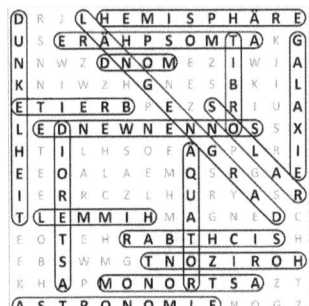

86 - Géographie

87 - Danse

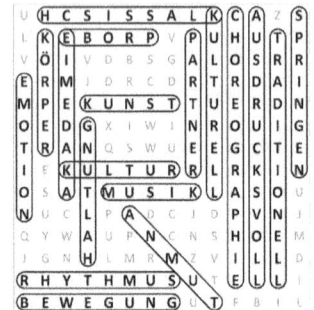

88 - Bâtiments

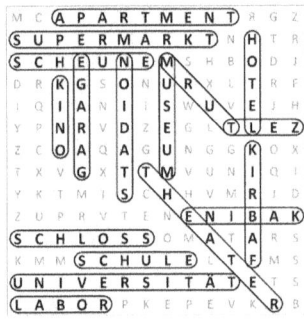

89 - Activités et Loisirs

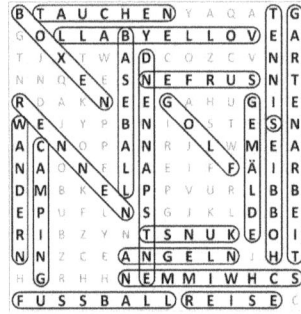

90 - Livres

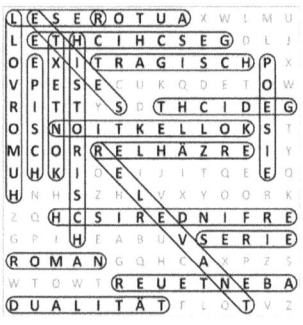

91 - Pays #2

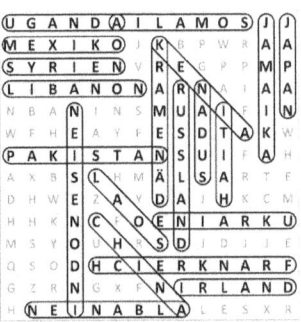

92 - Eau

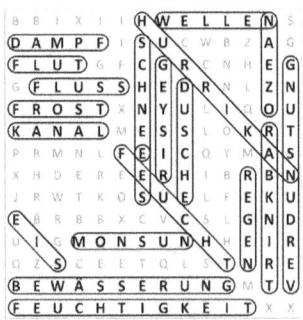

93 - Jazz

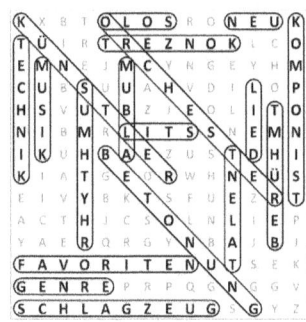

94 - Paysages

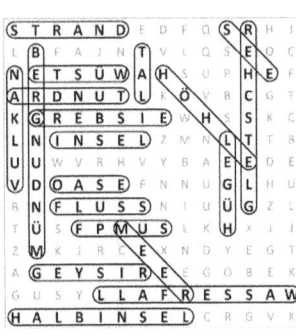

95 - Pays #1

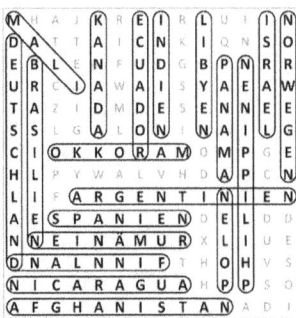

96 - Nombres

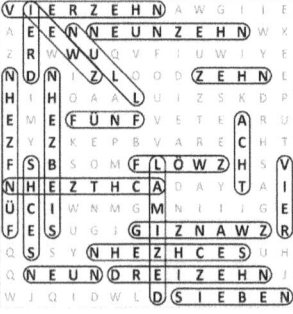

97 - Nature

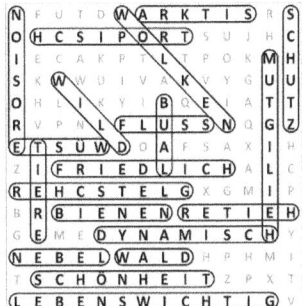

98 - Chimie

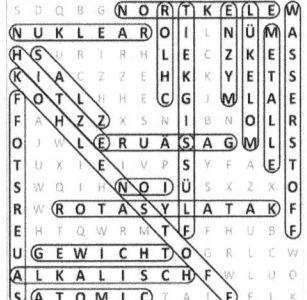

99 - Bateaux

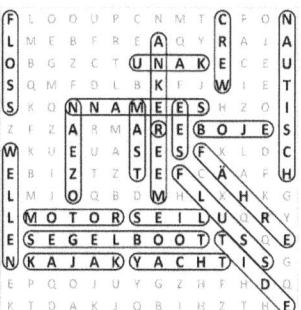

100 - Mesures

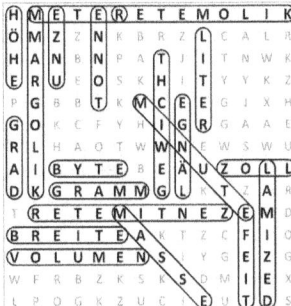

Dictionnaire

Activités
Aktivitäten

Activité	Aktivität
Art	Kunst
Artisanat	Kunsthandwerk
Camping	Camping
Céramique	Keramik
Chasse	Jagd
Compétence	Fähigkeit
Couture	Nähen
Intérêts	Interessen
Jardinage	Gartenarbeit
Jeux	Spiele
Lecture	Lesen
Loisir	Freizeit
Magie	Magie
Peinture	Gemälde
Pêche	Angeln
Photographie	Fotografie
Plaisir	Vergnügen
Randonnée	Wandern
Relaxation	Entspannung

Activités et Loisirs
Aktivitäten und Freizeit

Art	Kunst
Base-Ball	Baseball
Basket-Ball	Basketball
Boxe	Boxen
Camping	Camping
Course	Rennen
Football	Fussball
Golf	Golf
Jardinage	Gartenarbeit
Nager	Schwimmen
Passe-Temps	Hobbies
Peinture	Gemälde
Pêche	Angeln
Plongée	Tauchen
Randonnée	Wandern
Relaxant	Entspannend
Surf	Surfen
Tennis	Tennis
Volley-Ball	Volleyball
Voyage	Reise

Adjectifs #1
Adjektive #1

Absolu	Absolut
Actif	Aktiv
Ambitieux	Ehrgeizig
Aromatique	Aromatisch
Artistique	Künstlerisch
Attractif	Attraktiv
Beau	Schön
Exotique	Exotisch
Énorme	Riesig
Généreux	Grosszügig
Honnête	Ehrlich
Identique	Identisch
Important	Wichtig
Innocent	Unschuldig
Jeune	Jung
Lent	Langsam
Lourd	Schwer
Mince	Dünn
Moderne	Modern
Parfait	Perfekt

Adjectifs #2
Adjektive #2

Authentique	Authentisch
Célèbre	Berühmt
Chaud	Heiss
Créatif	Kreativ
Descriptif	Beschreibend
Doué	Begabt
Dramatique	Dramatisch
Élégant	Elegant
Fier	Stolz
Fort	Stark
Intéressant	Interessant
Naturel	Natürlich
Nouveau	Neu
Productif	Produktiv
Pur	Rein
Sain	Gesund
Salé	Salzig
Sauvage	Wild
Sec	Trocken
Somnolent	Schläfrig

Algèbre
Algebra

Diagramme	Diagramm
Exposant	Exponent
Équation	Gleichung
Facteur	Faktor
Faux	Falsch
Formule	Formel
Fraction	Bruchteil
Graphique	Graph
Infini	Unendlich
Linéaire	Linear
Matrice	Matrix
Nombre	Nummer
Parenthèse	Klammern
Problème	Problem
Quantité	Menge
Simplifier	Vereinfachen
Solution	Lösung
Soustraction	Subtraktion
Variable	Variable
Zéro	Null

Animaux de Compagnie
Haustiere

Chat	Katze
Chaton	Kätzchen
Chèvre	Ziege
Chien	Hund
Chiot	Welpe
Collier	Kragen
Eau	Wasser
Griffes	Krallen
Hamster	Hamster
Laisse	Leine
Lapin	Hase
Lézard	Eidechse
Nourriture	Essen
Perroquet	Papagei
Poisson	Fisch
Queue	Schwanz
Souris	Maus
Tortue	Schildkröte
Vache	Kuh
Vétérinaire	Tierarzt

Antarctique
Antarktis

Baie	Bucht
Baleines	Wale
Chercheur	Forscher
Conservation	Erhaltung
Continent	Kontinent
Eau	Wasser
Environnement	Umwelt
Expédition	Expedition
Géographie	Geographie
Glace	Eis
Glaciers	Gletscher
Îles	Inseln
Migration	Migration
Minéraux	Mineralien
Nuage	Wolken
Oiseaux	Vögel
Péninsule	Halbinsel
Rocheux	Felsig
Température	Temperatur
Topographie	Topographie

Antiquités
Antiquitäten

Art	Kunst
Authentique	Authentisch
Bijoux	Schmuck
Condition	Zustand
Décoratif	Dekorativ
Enchères	Versteigerung
Élégant	Elegant
Galerie	Galerie
Inhabituel	Ungewöhnlich
Investissement	Investition
Meubles	Möbel
Peintures	Gemälde
Pièces	Münzen
Prix	Preis
Qualité	Qualität
Sculpture	Skulptur
Siècle	Jahrhundert
Style	Stil
Valeur	Wert
Vieux	Alt

Archéologie
Archäologie

Analyse	Analyse
Ancien	Uralt
Antiquité	Antiquität
Chercheur	Forscher
Civilisation	Zivilisation
Descendant	Nachkomme
Expert	Experte
Ère	Ära
Équipe	Mannschaft
Évaluation	Auswertung
Fossile	Fossil
Inconnu	Unbekannt
Mystère	Geheimnis
Objets	Objekte
Os	Knochen
Oublié	Vergessen
Professeur	Professor
Relique	Relikt
Temple	Tempel
Tombe	Grab

Arts Visuels
Bildende Kunst

Architecture	Architektur
Argile	Ton
Artiste	Künstler
Céramique	Keramik
Charbon	Holzkohle
Chef-D'Œuvre	Meisterwerk
Chevalet	Staffelei
Cire	Wachs
Craie	Kreide
Crayon	Bleistift
Créativité	Kreativität
Film	Film
Peinture	Gemälde
Perspective	Perspektive
Photographie	Foto
Pochoir	Schablone
Portrait	Porträt
Sculpture	Skulptur
Stylo	Stift
Vernis	Lack

Astronomie
Astronomie

Astéroïde	Asteroid
Astronaute	Astronaut
Astronome	Astronom
Ciel	Himmel
Constellation	Konstellation
Cosmos	Kosmos
Éclipse	Finsternis
Fusée	Rakete
Galaxie	Galaxie
Lune	Mond
Météore	Meteor
Nébuleuse	Nebel
Observatoire	Observatorium
Planète	Planet
Radiation	Strahlung
Satellite	Satellit
Solaire	Solar
Supernova	Supernova
Terre	Erde
Univers	Universum

Aventure
Abenteuer

Activité	Aktivität
Beauté	Schönheit
Bravoure	Tapferkeit
Chance	Chance
Dangereux	Gefährlich
Destination	Ziel
Difficulté	Schwierigkeit
Enthousiasme	Begeisterung
Excursion	Ausflug
Inhabituel	Ungewöhnlich
Itinéraire	Route
Joie	Freude
Nature	Natur
Navigation	Navigation
Nouveau	Neu
Opportunité	Gelegenheit
Préparation	Vorbereitung
Sécurité	Sicherheit
Surprenant	Überraschend
Voyages	Reisen

Avions
Flugzeuge

Air	Luft
Atmosphère	Atmosphäre
Atterrissage	Landung
Aventure	Abenteuer
Ballon	Ballon
Carburant	Brennstoff
Ciel	Himmel
Construction	Konstruktion
Descente	Abstieg
Direction	Richtung
Équipage	Crew
Gonfler	Aufblasen
Hauteur	Höhe
Hélices	Propeller
Histoire	Geschichte
Hydrogène	Wasserstoff
Moteur	Motor
Passager	Passagier
Pilote	Pilot
Turbulence	Turbulenz

Ballet
Ballett

Applaudissement	Applaus
Artistique	Künstlerisch
Ballerine	Ballerina
Chorégraphie	Choreographie
Compétence	Fähigkeit
Compositeur	Komponist
Danseurs	Tänzer
Expressif	Ausdrucksvoll
Geste	Geste
Gracieux	Anmutig
Intensité	Intensität
Muscles	Muskel
Musique	Musik
Orchestre	Orchester
Public	Publikum
Répétition	Probe
Rythme	Rhythmus
Solo	Solo
Style	Stil
Technique	Technik

Barbecues
Barbecues

Chaud	Heiss
Couteaux	Messer
Déjeuner	Mittagessen
Dîner	Abendessen
Enfants	Kinder
Été	Sommer
Faim	Hunger
Famille	Familie
Fruit	Frucht
Gril	Grill
Jeux	Spiele
Légumes	Gemüse
Musique	Musik
Oignons	Zwiebeln
Poivre	Pfeffer
Poulet	Huhn
Salades	Salate
Sauce	Sosse
Sel	Salz
Tomates	Tomaten

Bateaux
Boote

Ancre	Anker
Bouée	Boje
Canoë	Kanu
Corde	Seil
Équipage	Crew
Ferry	Fähre
Fleuve	Fluss
Kayak	Kajak
Lac	See
Marée	Tide
Marin	Seemann
Mât	Mast
Mer	Meer
Moteur	Motor
Nautique	Nautisch
Océan	Ozean
Radeau	Floss
Vagues	Wellen
Voilier	Segelboot
Yacht	Yacht

Bâtiments
Gebäude

Ambassade	Botschaft
Appartement	Apartment
Cabine	Kabine
Château	Schloss
Cinéma	Kino
École	Schule
Garage	Garage
Grange	Scheune
Hôpital	Krankenhaus
Hôtel	Hotel
Laboratoire	Labor
Musée	Museum
Observatoire	Observatorium
Stade	Stadion
Supermarché	Supermarkt
Tente	Zelt
Théâtre	Theater
Tour	Turm
Université	Universität
Usine	Fabrik

Beauté
Schönheit

Boucles	Locken
Charme	Charme
Ciseaux	Schere
Cosmétique	Kosmetik
Couleur	Farbe
Élégance	Eleganz
Élégant	Elegant
Grâce	Anmut
Huiles	Öle
Lisse	Glatt
Mascara	Wimperntusche
Miroir	Spiegel
Parfum	Duft
Peau	Haut
Photogénique	Fotogen
Produits	Produkte
Rouge à Lèvres	Lippenstift
Shampooing	Shampoo
Styliste	Stylist

Boxe
Boxen

Adversaire	Gegner
Blessures	Verletzungen
Cloche	Glocke
Coin	Ecke
Combattant	Kämpfer
Compétence	Fähigkeit
Concentrer	Fokus
Cordes	Seile
Corps	Körper
Coude	Ellbogen
Coup	Kick
Épuisé	Erschöpft
Force	Stärke
Gants	Handschuhe
Menton	Kinn
Poing	Faust
Points	Punkte
Rapide	Schnell
Récupération	Recovery

Café
Kaffee

Acide	Sauer
Amer	Bitter
Arôme	Aroma
Boisson	Getränk
Caféine	Koffein
Crème	Creme
Eau	Wasser
Filtre	Filter
Lait	Milch
Liquide	Flüssigkeit
Matin	Morgen
Moudre	Mahlen
Noir	Schwarz
Origine	Ursprung
Prix	Preis
Rôti	Geröstet
Saveur	Geschmack
Sucre	Zucker
Tasse	Tasse
Variété	Vielfalt

Camping
Camping

Animaux	Tiere
Aventure	Abenteuer
Boussole	Kompass
Cabine	Kabine
Canoë	Kanu
Carte	Karte
Chapeau	Hut
Chasse	Jagd
Corde	Seil
Équipement	Ausrüstung
Feu	Feuer
Forêt	Wald
Hamac	Hängematte
Insecte	Insekt
Lac	See
Lanterne	Laterne
Lune	Mond
Montagne	Berg
Nature	Natur
Tente	Zelt

Chimie
Chemie

Acide	Säure
Alcalin	Alkalisch
Atomique	Atomic
Carbone	Kohlenstoff
Catalyseur	Katalysator
Chaleur	Hitze
Chlore	Chlor
Enzyme	Enzym
Électron	Elektron
Gaz	Gas
Hydrogène	Wasserstoff
Ion	Ion
Liquide	Flüssigkeit
Métaux	Metalle
Molécule	Molekül
Nucléaire	Nuklear
Oxygène	Sauerstoff
Poids	Gewicht
Sel	Salz
Température	Temperatur

Chocolat
Schokolade

Amer	Bitter
Antioxydant	Antioxidans
Arôme	Aroma
Artisanal	Handwerklich
Cacahuètes	Erdnüsse
Cacao	Kakao
Calories	Kalorien
Caramel	Karamell
Délicieux	Köstlich
Doux	Süss
Envie	Verlangen
Exotique	Exotisch
Favori	Favorit
Ingrédient	Zutat
Noix de Coco	Kokosnuss
Poudre	Pulver
Qualité	Qualität
Recette	Rezept
Saveur	Geschmack
Sucre	Zucker

Cirque
Zirkus

Acrobate	Akrobat
Animaux	Tiere
Ballons	Ballons
Billet	Fahrkarte
Clown	Clown
Costume	Kostüm
Divertir	Unterhalten
Éléphant	Elefant
Jongleur	Jongleur
Lion	Löwe
Magicien	Zauberer
Magie	Magie
Montrer	Zeigen
Musique	Musik
Parade	Parade
Singe	Affe
Spectaculaire	Spektakulär
Spectateur	Zuschauer
Tente	Zelt
Tigre	Tiger

Conduite
Fahren

Accident	Unfall
Bus	Bus
Camion	Lkw
Carburant	Brennstoff
Carte	Karte
Danger	Gefahr
Freins	Bremsen
Garage	Garage
Gaz	Gas
Licence	Lizenz
Moteur	Motor
Moto	Motorrad
Piéton	Fussgänger
Police	Polizei
Route	Strasse
Sécurité	Sicherheit
Trafic	Verkehr
Transport	Transport
Tunnel	Tunnel
Voiture	Auto

Corps Humain
Menschlicher Körper

Bouche	Mund
Cerveau	Gehirn
Cheville	Knöchel
Cou	Hals
Coude	Ellbogen
Cœur	Herz
Doigt	Finger
Estomac	Magen
Épaule	Schulter
Genou	Knie
Lèvres	Lippen
Main	Hand
Mâchoire	Kiefer
Menton	Kinn
Nez	Nase
Oreille	Ohr
Peau	Haut
Sang	Blut
Tête	Kopf
Visage	Gesicht

Couleurs
Farben

Azur	Azurblau
Beige	Beige
Blanc	Weiss
Bleu	Blau
Cramoisi	Purpur
Cyan	Zyan
Fuchsia	Fuchsie
Gris	Grau
Indigo	Indigo
Jaune	Gelb
Magenta	Magenta
Marron	Braun
Noir	Schwarz
Orange	Orange
Rose	Rosa
Rouge	Rot
Sépia	Sepia
Vert	Grün
Violet	Lila

Créativité
Kreativität

Artistique	Künstlerisch
Authenticité	Authentizität
Clarté	Klarheit
Compétence	Fähigkeit
Dramatique	Dramatisch
Expression	Ausdruck
Fluidité	Flüssigkeit
Idées	Ideen
Image	Bild
Imagination	Phantasie
Impression	Eindruck
Inspiration	Inspiration
Intensité	Intensität
Intuition	Intuition
Inventif	Erfinderisch
Sensation	Sensation
Sentiments	Gefühle
Spontané	Spontan
Visions	Visionen
Vitalité	Vitalität

Danse
Tanzen

Académie	Akademie
Art	Kunst
Chorégraphie	Choreographie
Classique	Klassisch
Corps	Körper
Culture	Kultur
Culturel	Kulturell
Expressif	Ausdrucksvoll
Émotion	Emotion
Grâce	Anmut
Joyeux	Freudig
Mouvement	Bewegung
Musique	Musik
Partenaire	Partner
Posture	Haltung
Répétition	Probe
Rythme	Rhythmus
Saut	Springen
Traditionnel	Traditionell
Visuel	Visuell

Diplomatie
Diplomatie

Allié	Verbündete
Ambassade	Botschaft
Ambassadeur	Botschafter
Citoyens	Bürger
Communauté	Gemeinschaft
Conflit	Konflikt
Conseiller	Berater
Diplomatique	Diplomatisch
Discussion	Diskussion
Éthique	Ethik
Étranger	Ausländisch
Gouvernement	Regierung
Humanitaire	Humanität
Intégrité	Integrität
Justice	Gerechtigkeit
Politique	Politik
Résolution	Auflösung
Sécurité	Sicherheit
Solution	Lösung
Traité	Vertrag

Disciplines Scientifiques
Wissenschaftliche Disziplinen

Anatomie	Anatomie
Archéologie	Archäologie
Astronomie	Astronomie
Biochimie	Biochemie
Biologie	Biologie
Botanique	Botanik
Chimie	Chemie
Écologie	Ökologie
Géologie	Geologie
Immunologie	Immunologie
Linguistique	Linguistik
Mécanique	Mechanik
Météorologie	Meteorologie
Minéralogie	Mineralogie
Neurologie	Neurologie
Physiologie	Physiologie
Psychologie	Psychologie
Sociologie	Soziologie
Thermodynamiq ue	Thermodynamik
Zoologie	Zoologie

Eau
Wasser

Canal	Kanal
Douche	Dusche
Évaporation	Verdunstung
Fleuve	Fluss
Gel	Frost
Geyser	Geysir
Glace	Eis
Humide	Feucht
Humidité	Feuchtigkeit
Inondation	Flut
Irrigation	Bewässerung
Lac	See
Mousson	Monsun
Neige	Schnee
Océan	Ozean
Ouragan	Hurrikan
Pluie	Regen
Potable	Trinkbar
Vagues	Wellen
Vapeur	Dampf

Entreprise
Geschäft

Argent	Geld
Boutique	Geschäft
Budget	Budget
Bureau	Büro
Carrière	Karriere
Coût	Kosten
Devise	Währung
Employeur	Arbeitgeber
Employé	Mitarbeiter
Entreprise	Firma
Économie	Wirtschaft
Finance	Finanzieren
Impôts	Steuern
Investissement	Investition
Marchandise	Ware
Profit	Gewinn
Revenu	Einkommen
Transaction	Transaktion
Usine	Fabrik
Vente	Verkauf

Exploration
Erforschung

Activité	Aktivität
Animaux	Tiere
Apprendre	Lernen
Courage	Mut
Cultures	Kulturen
Dangers	Gefahren
Découverte	Entdeckung
Espace	Raum
Excitation	Aufregung
Épuisement	Erschöpfung
Inconnu	Unbekannt
Langue	Sprache
Lointain	Fern
Nouveau	Neu
Périlleux	Gefährlich
Quête	Suche
Sauvage	Wild
Terrain	Gelände
Voyage	Reise

Échecs
Schach

Adversaire	Gegner
Apprendre	Lernen
Blanc	Weiss
Champion	Champion
Concours	Wettbewerb
Diagonal	Diagonal
Intelligent	Klug
Jeu	Spiel
Joueur	Spieler
Noir	Schwarz
Passif	Passiv
Points	Punkte
Reine	Königin
Règles	Regeln
Roi	König
Sacrifice	Opfer
Stratégie	Strategie
Temps	Zeit
Tournoi	Turnier

Écologie
Ökologie

Bénévoles	Freiwillige
Climat	Klima
Communautés	Gemeinschaft
Diversité	Vielfalt
Durable	Nachhaltig
Espèce	Art
Faune	Fauna
Flore	Flora
Global	Global
Habitat	Lebensraum
Marais	Sumpf
Marin	Marine
Montagnes	Berge
Nature	Natur
Naturel	Natürlich
Plantes	Pflanzen
Ressources	Ressourcen
Sécheresse	Dürre
Survie	Überleben
Végétation	Vegetation

Électricité
Elektrizität

Aimant	Magnet
Batterie	Batterie
Câble	Kabel
Électricien	Elektriker
Électrique	Elektrisch
Équipement	Ausrüstung
Fils	Drähte
Générateur	Generator
Lampe	Lampe
Laser	Laser
Négatif	Negativ
Objets	Objekte
Positif	Positiv
Prise	Steckdose
Quantité	Menge
Réseau	Netzwerk
Stockage	Lagerung
Téléphone	Telefon
Télévision	Fernsehen

Émotions
Emotionen

Amour	Liebe
Calme	Ruhig
Colère	Wut
Contenu	Inhalt
Détendu	Entspannt
Embarrassé	Beschämt
Ennui	Langeweile
Excité	Aufgeregt
Joie	Freude
Paix	Frieden
Peur	Angst
Reconnaissant	Dankbar
Relief	Relief
Satisfait	Zufrieden
Surprise	Überraschen
Sympathie	Sympathie
Tendresse	Zärtlichkeit
Tranquillité	Ruhe
Tristesse	Traurigkeit

Énergie
Energie

Batterie	Batterie
Carbone	Kohlenstoff
Carburant	Brennstoff
Chaleur	Hitze
Diesel	Diesel
Entropie	Entropie
Environnement	Umwelt
Essence	Benzin
Électrique	Elektrisch
Électron	Elektron
Hydrogène	Wasserstoff
Industrie	Industrie
Moteur	Motor
Nucléaire	Nuklear
Photon	Photon
Pollution	Verschmutzung
Renouvelable	Erneuerbar
Soleil	Sonne
Turbine	Turbine
Vent	Wind

Épices
Gewürze

Aigre	Sauer
Ail	Knoblauch
Amer	Bitter
Anis	Anis
Cannelle	Zimt
Cardamome	Kardamom
Coriandre	Koriander
Cumin	Kreuzkümmel
Curry	Curry
Fenouil	Fenchel
Gingembre	Ingwer
Muscade	Muskatnuss
Oignon	Zwiebel
Paprika	Paprika
Poivre	Pfeffer
Réglisse	Lakritze
Safran	Safran
Saveur	Geschmack
Sel	Salz
Vanille	Vanille

Famille
Familie

Ancêtre	Vorfahr
Cousin	Vetter
Enfance	Kindheit
Enfant	Kind
Enfants	Kinder
Femme	Ehefrau
Fille	Tochter
Frère	Bruder
Grand-Mère	Grossmutter
Grand-Père	Grossvater
Mari	Ehemann
Maternel	Mütterlich
Mère	Mutter
Neveu	Neffe
Nièce	Nichte
Oncle	Onkel
Paternel	Väterlich
Père	Vater
Soeur	Schwester
Tante	Tante

Ferme #1
Bauernhof #1

Abeille	Biene
Âne	Esel
Bison	Bison
Champ	Feld
Chat	Katze
Cheval	Pferd
Chèvre	Ziege
Chien	Hund
Clôture	Zaun
Cochon	Schwein
Corbeau	Krähe
Eau	Wasser
Engrais	Dünger
Foin	Heu
Miel	Honig
Poulet	Huhn
Riz	Reis
Troupeau	Herde
Vache	Kuh
Veau	Kalb

Ferme #2
Bauernhof #2

Agneau	Lamm
Agriculteur	Bauer
Animaux	Tiere
Berger	Schäfer
Blé	Weizen
Canard	Ente
Fruit	Frucht
Grange	Scheune
Irrigation	Bewässerung
Lait	Milch
Lama	Lama
Légume	Gemüse
Maïs	Mais
Mouton	Schaf
Nourriture	Essen
Orge	Gerste
Pré	Wiese
Ruche	Bienenstock
Tracteur	Traktor
Verger	Obstgarten

Fleurs
Blumen

Bouquet	Strauss
Gardénia	Gardenie
Hibiscus	Hibiskus
Jasmin	Jasmin
Lavande	Lavendel
Lilas	Lila
Lys	Lilie
Magnolia	Magnolie
Marguerite	Gänseblümchen
Orchidée	Orchidee
Passiflore	Passionsblume
Pavot	Mohn
Pétale	Blütenblatt
Pissenlit	Löwenzahn
Pivoine	Pfingstrose
Plumeria	Plumeria
Rose	Rose
Tournesol	Sonnenblume
Trèfle	Klee
Tulipe	Tulpe

Formes
Formen

Arc	Bogen
Bords	Kanten
Carré	Quadrat
Cercle	Kreis
Coin	Ecke
Courbe	Kurve
Cône	Kegel
Côté	Seite
Cube	Würfel
Cylindre	Zylinder
Ellipse	Ellipse
Hyperbole	Hyperbel
Ligne	Linie
Ovale	Oval
Polygone	Polygon
Prisme	Prisma
Pyramide	Pyramide
Rectangle	Rechteck
Sphère	Kugel
Triangle	Dreieck

Fruit
Obst

Abricot	Aprikose
Ananas	Ananas
Avocat	Avocado
Baie	Beere
Banane	Banane
Cerise	Kirsche
Citron	Zitrone
Figue	Feige
Framboise	Himbeere
Goyave	Guave
Kiwi	Kiwi
Mangue	Mango
Melon	Melone
Nectarine	Nektarine
Orange	Orange
Papaye	Papaya
Pêche	Pfirsich
Poire	Birne
Pomme	Apfel
Raisin	Traube

Géographie
Geographie

Altitude	Höhe
Atlas	Atlas
Carte	Karte
Continent	Kontinent
Fleuve	Fluss
Hémisphère	Hemisphäre
Île	Insel
Latitude	Breite
Mer	Meer
Méridien	Meridian
Monde	Welt
Montagne	Berg
Nord	Norden
Océan	Ozean
Ouest	West
Pays	Land
Région	Region
Sud	Süden
Territoire	Gebiet
Ville	Stadt

Géologie
Geologie

Acide	Säure
Calcium	Kalzium
Caverne	Höhle
Continent	Kontinent
Corail	Koralle
Couche	Schicht
Cristaux	Kristalle
Érosion	Erosion
Fondu	Geschmolzen
Fossile	Fossil
Geyser	Geysir
Lave	Lava
Minéraux	Mineralien
Pierre	Stein
Plateau	Plateau
Quartz	Quarz
Sel	Salz
Stalactite	Stalaktit
Volcan	Vulkan
Zone	Zone

Géométrie
Geometrie

Angle	Winkel
Calcul	Berechnung
Cercle	Kreis
Courbe	Kurve
Diamètre	Durchmesser
Dimension	Dimension
Équation	Gleichung
Hauteur	Höhe
Logique	Logik
Masse	Masse
Médian	Median
Nombre	Nummer
Parallèle	Parallel
Proportion	Anteil
Segment	Segment
Surface	Oberfläche
Symétrie	Symmetrie
Théorie	Theorie
Triangle	Dreieck
Vertical	Vertikal

Gouvernement
Regierung

Civil	Zivil
Constitution	Verfassung
Démocratie	Demokratie
Discours	Rede
Discussion	Diskussion
District	Bezirk
Droits	Rechte
Égalité	Gleichheit
État	Staat
Judiciaire	Justiziell
Justice	Gerechtigkeit
Leader	Führer
Liberté	Freiheit
Loi	Gesetz
Monument	Denkmal
Nation	Nation
National	National
Paisible	Friedlich
Politique	Politik
Symbole	Symbol

Herboristerie
Kräuterkunde

Ail	Knoblauch
Aromatique	Aromatisch
Basilic	Basilikum
Bénéfique	Vorteilhaft
Culinaire	Kulinarisch
Estragon	Estragon
Fenouil	Fenchel
Fleur	Blume
Ingrédient	Zutat
Jardin	Garten
Lavande	Lavendel
Marjolaine	Majoran
Menthe	Minze
Persil	Petersilie
Qualité	Qualität
Romarin	Rosmarin
Safran	Safran
Saveur	Geschmack
Thym	Thymian
Vert	Grün

Ingénierie
Ingenieurwesen

Angle	Winkel
Axe	Achse
Calcul	Berechnung
Construction	Konstruktion
Diagramme	Diagramm
Diamètre	Durchmesser
Diesel	Diesel
Distribution	Verteilung
Engrenages	Getriebe
Énergie	Energie
Force	Stärke
Liquide	Flüssigkeit
Machine	Maschine
Mesure	Messung
Moteur	Motor
Profondeur	Tiefe
Propulsion	Antrieb
Rotation	Drehung
Stabilité	Stabilität
Structure	Struktur

Instruments de Musique
Musikinstrumente

Banjo	Banjo
Basson	Fagott
Clarinette	Klarinette
Flûte	Flöte
Gong	Gong
Guitare	Gitarre
Harmonica	Mundharmonika
Harpe	Harfe
Hautbois	Oboe
Mandoline	Mandoline
Marimba	Marimba
Percussion	Schlagzeug
Piano	Klavier
Saxophone	Saxophon
Tambour	Trommel
Tambourin	Tamburin
Trombone	Posaune
Trompette	Trompete
Violon	Geige
Violoncelle	Cello

Jardin
Garten

Arbre	Baum
Banc	Bank
Buisson	Busch
Clôture	Zaun
Étang	Teich
Fleur	Blume
Garage	Garage
Hamac	Hängematte
Herbe	Gras
Jardin	Garten
Mauvaises Herbes	Unkraut
Pelle	Schaufel
Pelouse	Rasen
Porche	Veranda
Râteau	Rechen
Sol	Boden
Terrasse	Terrasse
Trampoline	Trampolin
Tuyau	Schlauch
Verger	Obstgarten

Jardinage
Gartenarbeit

Botanique	Botanisch
Bouquet	Strauss
Climat	Klima
Comestible	Essbar
Compost	Kompost
Eau	Wasser
Espèce	Art
Exotique	Exotisch
Feuillage	Laub
Feuille	Blatt
Fleur	Blüte
Graines	Saat
Humidité	Feuchtigkeit
Récipient	Container
Saisonnier	Saisonal
Saleté	Schmutz
Sol	Boden
Tuyau	Schlauch
Verger	Obstgarten

Jazz
Jazz

Accent	Betonung
Album	Album
Artiste	Künstler
Célèbre	Berühmt
Chanson	Lied
Compositeur	Komponist
Concert	Konzert
Favoris	Favoriten
Genre	Genre
Improvisation	Improvisation
Musique	Musik
Nouveau	Neu
Orchestre	Orchester
Rythme	Rhythmus
Solo	Solo
Style	Stil
Talent	Talent
Tambours	Schlagzeug
Technique	Technik
Vieux	Alt

Jours et Mois
Tage und Monate

Août	August
Avril	April
Calendrier	Kalender
Dimanche	Sonntag
Février	Februar
Janvier	Januar
Jeudi	Donnerstag
Juillet	Juli
Juin	Juni
Lundi	Montag
Mardi	Dienstag
Mars	März
Mercredi	Mittwoch
Mois	Monat
Novembre	November
Octobre	Oktober
Samedi	Samstag
Semaine	Woche
Septembre	September
Vendredi	Freitag

L'Entreprise
Das Unternehmen

Affaires	Geschäft
Créatif	Kreativ
Décision	Entscheidung
Emploi	Beschäftigung
Global	Global
Industrie	Industrie
Innovant	Innovativ
Investissement	Investition
Possibilité	Möglichkeit
Présentation	Präsentation
Produit	Produkt
Professionnel	Professionell
Progrès	Fortschritt
Qualité	Qualität
Ressources	Ressourcen
Revenu	Einnahmen
Réputation	Ruf
Risques	Risiken
Salaire	Löhne
Unités	Einheiten

Les Abeilles
Bienen

Ailes	Flügel
Bénéfique	Vorteilhaft
Cire	Wachs
Diversité	Vielfalt
Essaim	Schwarm
Écosystème	Ökosystem
Fleur	Blüte
Fleurs	Blumen
Fruit	Frucht
Fumée	Rauch
Habitat	Lebensraum
Insecte	Insekt
Jardin	Garten
Miel	Honig
Nourriture	Essen
Plantes	Pflanzen
Pollen	Pollen
Reine	Königin
Ruche	Bienenkorb
Soleil	Sonne

Légumes
Gemüse

Ail	Knoblauch
Artichaut	Artischocke
Aubergine	Aubergine
Brocoli	Brokkoli
Carotte	Karotte
Céleri	Sellerie
Champignon	Pilz
Citrouille	Kürbis
Concombre	Gurke
Échalote	Schalotte
Épinard	Spinat
Gingembre	Ingwer
Navet	Rübe
Oignon	Zwiebel
Olive	Olive
Persil	Petersilie
Pois	Erbse
Radis	Rettich
Salade	Salat
Tomate	Tomate

Littérature
Literatur

Analogie	Analogie
Analyse	Analyse
Anecdote	Anekdote
Auteur	Autor
Biographie	Biographie
Comparaison	Vergleich
Description	Beschreibung
Dialogue	Dialog
Fiction	Fiktion
Métaphore	Metapher
Narrateur	Erzähler
Opinion	Meinung
Poème	Gedicht
Poétique	Poetisch
Rime	Reim
Roman	Roman
Rythme	Rhythmus
Style	Stil
Thème	Thema
Tragédie	Tragödie

Livres
Bücher

Auteur	Autor
Aventure	Abenteuer
Collection	Kollektion
Contexte	Kontext
Dualité	Dualität
Épique	Episch
Histoire	Geschichte
Historique	Historisch
Humoristique	Humorvoll
Inventif	Erfinderisch
Lecteur	Leser
Littéraire	Literarisch
Narrateur	Erzähler
Page	Seite
Pertinent	Relevant
Poème	Gedicht
Poésie	Poesie
Roman	Roman
Série	Serie
Tragique	Tragisch

Maison
Haus

Balai	Besen
Bibliothèque	Bibliothek
Chambre	Zimmer
Cheminée	Kamin
Clés	Schlüssel
Clôture	Zaun
Cuisine	Küche
Douche	Dusche
Fenêtre	Fenster
Garage	Garage
Grenier	Dachboden
Jardin	Garten
Lampe	Lampe
Miroir	Spiegel
Mur	Wand
Plafond	Decke
Porte	Tür
Rideaux	Vorhang
Tapis	Teppich
Toit	Dach

Mammifères
Säugetiere

Baleine	Wal
Chat	Katze
Cheval	Pferd
Chien	Hund
Coyote	Kojote
Dauphin	Delfin
Éléphant	Elefant
Girafe	Giraffe
Gorille	Gorilla
Kangourou	Känguru
Lapin	Hase
Lion	Löwe
Loup	Wolf
Mouton	Schaf
Ours	Bär
Renard	Fuchs
Singe	Affe
Taureau	Stier
Tigre	Tiger
Zèbre	Zebra

Mathématiques
Mathematik

Angles	Winkel
Arithmétique	Arithmetik
Carré	Quadrat
Circonférence	Umfang
Décimal	Dezimal
Diamètre	Durchmesser
Exposant	Exponent
Équation	Gleichung
Fraction	Bruchteil
Géométrie	Geometrie
Parallèle	Parallel
Perpendiculaire	Senkrecht
Polygone	Polygon
Rayon	Radius
Rectangle	Rechteck
Somme	Summe
Sphère	Kugel
Symétrie	Symmetrie
Triangle	Dreieck
Volume	Volumen

Mesures
Messungen

Centimètre	Zentimeter
Degré	Grad
Décimal	Dezimal
Gramme	Gramm
Hauteur	Höhe
Kilogramme	Kilogramm
Kilomètre	Kilometer
Largeur	Breite
Litre	Liter
Longueur	Länge
Masse	Masse
Mètre	Meter
Minute	Minute
Octet	Byte
Once	Unze
Poids	Gewicht
Pouce	Zoll
Profondeur	Tiefe
Tonne	Tonne
Volume	Volumen

Méditation
Meditation

Acceptation	Annahme
Apprendre	Lernen
Bonheur	Glück
Calme	Ruhig
Clarté	Klarheit
Compassion	Mitgefühl
Enseignements	Lehre
Esprit	Verstand
Éveillé	Wach
Gratitude	Dankbarkeit
Mental	Geistig
Mouvement	Bewegung
Musique	Musik
Nature	Natur
Paix	Frieden
Pensées	Gedanken
Perspective	Perspektive
Posture	Haltung
Respiration	Atmung
Silence	Stille

Météo
Wetter

Arc-En-Ciel	Regenbogen
Atmosphère	Atmosphäre
Brise	Brise
Brouillard	Nebel
Calme	Ruhig
Ciel	Himmel
Climat	Klima
Glace	Eis
Mousson	Monsun
Nuage	Wolke
Ouragan	Hurrikan
Polaire	Polar
Sec	Trocken
Sécheresse	Dürre
Température	Temperatur
Tempête	Sturm
Tonnerre	Donner
Tornade	Tornado
Tropical	Tropisch
Vent	Wind

Mode
Mode

Abordable	Erschwinglich
Boutique	Boutique
Boutons	Tasten
Broderie	Stickerei
Cher	Teuer
Confortable	Komfortabel
Dentelle	Spitze
Élégant	Elegant
Moderne	Modern
Modeste	Bescheiden
Modèle	Muster
Original	Original
Pratique	Praktisch
Simple	Einfach
Sophistiqué	Anspruchsvoll
Style	Stil
Tendance	Trend
Texture	Textur
Tissu	Stoff
Vêtements	Kleidung

Musique
Musik

Album	Album
Ballade	Ballade
Chanter	Singen
Chanteur	Sänger
Classique	Klassisch
Enregistrement	Aufnahme
Harmonie	Harmonie
Harmonique	Harmonisch
Improviser	Improvisieren
Instrument	Instrument
Lyrique	Lyrisch
Mélodie	Melodie
Microphone	Mikrofon
Musical	Musical
Musicien	Musiker
Opéra	Oper
Poétique	Poetisch
Rythme	Rhythmus
Rythmique	Rhythmisch
Tempo	Tempo

Mythologie
Mythologie

Archétype	Archetyp
Catastrophe	Katastrophe
Comportement	Verhalten
Création	Kreation
Créature	Kreatur
Culture	Kultur
Divinités	Gottheiten
Éclair	Blitz
Force	Stärke
Guerrier	Krieger
Héroïne	Heldin
Héros	Held
Jalousie	Eifersucht
Labyrinthe	Labyrinth
Légende	Legende
Magique	Magisch
Monstre	Monster
Mortel	Sterblich
Tonnerre	Donner
Vengeance	Rache

Nature
Natur

Abeilles	Bienen
Abri	Schutz
Animaux	Tiere
Arctique	Arktis
Beauté	Schönheit
Brouillard	Nebel
Désert	Wüste
Dynamique	Dynamisch
Érosion	Erosion
Feuillage	Laub
Fleuve	Fluss
Forêt	Wald
Glacier	Gletscher
Nuage	Wolken
Paisible	Friedlich
Sanctuaire	Heiligtum
Sauvage	Wild
Serein	Heiter
Tropical	Tropisch
Vital	Lebenswichtig

Nombres
Zahlen

Cinq	Fünf
Deux	Zwei
Décimal	Dezimal
Dix	Zehn
Dix-Huit	Achtzehn
Dix-Neuf	Neunzehn
Dix-Sept	Siebzehn
Douze	Zwölf
Huit	Acht
Neuf	Neun
Quatorze	Vierzehn
Quatre	Vier
Quinze	Fünfzehn
Seize	Sechzehn
Sept	Sieben
Six	Sechs
Treize	Dreizehn
Trois	Drei
Vingt	Zwanzig
Zéro	Null

Nourriture #1
Essen #1

Ail	Knoblauch
Basilic	Basilikum
Café	Kaffee
Cannelle	Zimt
Carotte	Karotte
Citron	Zitrone
Épinard	Spinat
Fraise	Erdbeere
Jus	Saft
Lait	Milch
Navet	Rübe
Oignon	Zwiebel
Orge	Gerste
Poire	Birne
Salade	Salat
Sel	Salz
Soupe	Suppe
Sucre	Zucker
Thon	Thunfisch
Viande	Fleisch

Nourriture #2
Essen #2

Amande	Mandel
Aubergine	Aubergine
Banane	Banane
Blé	Weizen
Brocoli	Brokkoli
Cerise	Kirsche
Céleri	Sellerie
Champignon	Pilz
Chocolat	Schokolade
Jambon	Schinken
Kiwi	Kiwi
Mangue	Mango
Oeuf	Ei
Pain	Brot
Poisson	Fisch
Pomme	Apfel
Poulet	Huhn
Raisin	Traube
Riz	Reis
Tomate	Tomate

Nutrition
Ernährung

Amer	Bitter
Appétit	Appetit
Calories	Kalorien
Comestible	Essbar
Diète	Diät
Digestion	Verdauung
Épices	Gewürze
Équilibré	Ausgewogen
Fermentation	Fermentation
Glucides	Kohlenhydrate
Liquides	Flüssigkeiten
Poids	Gewicht
Protéines	Proteine
Qualité	Qualität
Sain	Gesund
Santé	Gesundheit
Sauce	Sosse
Saveur	Geschmack
Toxine	Toxin
Vitamine	Vitamin

Océan
Ozean

Algue	Seetang
Anguille	Aal
Baleine	Wal
Bateau	Boot
Corail	Koralle
Crabe	Krabbe
Crevette	Garnele
Dauphin	Delfin
Éponge	Schwamm
Huître	Auster
Méduse	Qualle
Poisson	Fisch
Poulpe	Krake
Requin	Hai
Récif	Riff
Sel	Salz
Tempête	Sturm
Thon	Thunfisch
Tortue	Schildkröte
Vagues	Wellen

Oiseaux
Vögel

Aigle	Adler
Autruche	Strauss
Canard	Ente
Cigogne	Storch
Colombe	Taube
Corbeau	Krähe
Coucou	Kuckuck
Cygne	Schwan
Flamant	Flamingo
Héron	Reiher
Manchot	Pinguin
Moineau	Spatz
Mouette	Möwe
Oeuf	Ei
Oie	Gans
Paon	Pfau
Perroquet	Papagei
Pélican	Pelikan
Poulet	Huhn
Toucan	Toucan

Pays #1
Länder #1

Afghanistan	Afghanistan
Allemagne	Deutschland
Argentine	Argentinien
Brésil	Brasilien
Canada	Kanada
Espagne	Spanien
Équateur	Ecuador
Finlande	Finnland
Inde	Indien
Israël	Israel
Libye	Libyen
Mali	Mali
Maroc	Marokko
Nicaragua	Nicaragua
Norvège	Norwegen
Panama	Panama
Philippines	Philippinen
Pologne	Polen
Roumanie	Rumänien
Venezuela	Venezuela

Pays #2
Länder #2

Albanie	Albanien
Chine	China
Danemark	Dänemark
France	Frankreich
Haïti	Haiti
Indonésie	Indonesien
Irlande	Irland
Jamaïque	Jamaika
Japon	Japan
Kenya	Kenia
Laos	Laos
Liban	Libanon
Mexique	Mexiko
Ouganda	Uganda
Pakistan	Pakistan
Russie	Russland
Somalie	Somalia
Soudan	Sudan
Syrie	Syrien
Ukraine	Ukraine

Paysages
Landschaften

Cascade	Wasserfall
Colline	Hügel
Désert	Wüste
Estuaire	Mündung
Fleuve	Fluss
Geyser	Geysir
Glacier	Gletscher
Grotte	Höhle
Iceberg	Eisberg
Île	Insel
Lac	See
Marais	Sumpf
Mer	Meer
Montagne	Berg
Oasis	Oase
Péninsule	Halbinsel
Plage	Strand
Toundra	Tundra
Vallée	Tal
Volcan	Vulkan

Physique
Physik

Atome	Atom
Chaos	Chaos
Chimique	Chemisch
Densité	Dichte
Expansion	Expansion
Électron	Elektron
Formule	Formel
Fréquence	Frequenz
Gaz	Gas
Gravité	Schwerkraft
Magnétisme	Magnetismus
Masse	Masse
Mécanique	Mechanik
Molécule	Molekül
Moteur	Motor
Nucléaire	Nuklear
Particule	Partikel
Relativité	Relativität
Universel	Universal
Variable	Variable

Plantes
Pflanzen

Arbre	Baum
Baie	Beere
Bambou	Bambus
Botanique	Botanik
Buisson	Busch
Cactus	Kaktus
Engrais	Dünger
Feuillage	Laub
Fleur	Blume
Flore	Flora
Forêt	Wald
Grandir	Wachsen
Haricot	Bohne
Herbe	Gras
Jardin	Garten
Lierre	Efeu
Mousse	Moos
Pétale	Blütenblatt
Racine	Wurzel
Végétation	Vegetation

Professions #1
Berufe #1

Ambassadeur	Botschafter
Artiste	Künstler
Astronome	Astronom
Avocat	Rechtsanwalt
Banquier	Bankier
Bijoutier	Juwelier
Cartographe	Kartograph
Chasseur	Jäger
Comptable	Buchhalter
Danseur	Tänzer
Entraîneur	Trainer
Éditeur	Editor
Géologue	Geologe
Médecin	Arzt
Musicien	Musiker
Pianiste	Pianist
Plombier	Klempner
Pompier	Feuerwehrmann
Psychologue	Psychologe
Vétérinaire	Tierarzt

Professions #2
Berufe #2

Astronaute	Astronaut
Bibliothécaire	Bibliothekar
Biologiste	Biologe
Chercheur	Forscher
Chirurgien	Chirurg
Dentiste	Zahnarzt
Détective	Detektiv
Enseignant	Lehrer
Illustrateur	Illustrator
Ingénieur	Ingenieur
Inventeur	Erfinder
Jardinier	Gärtner
Journaliste	Journalist
Linguiste	Linguist
Médecin	Arzt
Peintre	Maler
Philosophe	Philosoph
Photographe	Fotograf
Pilote	Pilot
Zoologiste	Zoologe

Randonnée
Wandern

Animaux	Tiere
Bottes	Stiefel
Camping	Camping
Carte	Karte
Climat	Klima
Eau	Wasser
Falaise	Klippe
Fatigué	Müde
Guides	Führer
Lourd	Schwer
Météo	Wetter
Montagne	Berg
Nature	Natur
Orientation	Orientierung
Parcs	Parks
Pierres	Steine
Préparation	Vorbereitung
Sauvage	Wild
Soleil	Sonne
Sommet	Gipfel

Remplir
Zu Füllen

Baignoire	Wanne
Baril	Fass
Bassin	Becken
Boîte	Box
Bouteille	Flasche
Caisse	Kiste
Carton	Karton
Dossier	Mappe
Enveloppe	Umschlag
Navire	Schiff
Panier	Korb
Paquet	Paket
Plateau	Tablett
Pot	Krug
Sac	Tasche
Seau	Eimer
Tiroir	Schublade
Tube	Rohr
Valise	Koffer
Vase	Vase

Restaurant #2
Restaurant #2

Boisson	Getränk
Chaise	Stuhl
Cuillère	Löffel
Déjeuner	Mittagessen
Délicieux	Köstlich
Dîner	Abendessen
Eau	Wasser
Épices	Gewürze
Fourchette	Gabel
Fruit	Frucht
Gâteau	Kuchen
Glace	Eis
Légumes	Gemüse
Nouilles	Nudeln
Oeuf	Eier
Poisson	Fisch
Salade	Salat
Sel	Salz
Serveur	Kellner
Soupe	Suppe

Santé et Bien-Être #1
Gesundheit und Wellness #1

Actif	Aktiv
Bactéries	Bakterien
Blessure	Verletzung
Clinique	Klinik
Faim	Hunger
Fracture	Fraktur
Habitude	Gewohnheit
Hauteur	Höhe
Hormone	Hormone
Médecin	Arzt
Médicament	Medizin
Muscles	Muskel
Os	Knochen
Peau	Haut
Pharmacie	Apotheke
Posture	Haltung
Réflexe	Reflex
Thérapie	Therapie
Traitement	Behandlung
Virus	Virus

Santé et Bien-Être #2
Gesundheit und Wellness #2

Allergie	Allergie
Anatomie	Anatomie
Appétit	Appetit
Calorie	Kalorie
Corps	Körper
Déshydratation	Austrocknung
Énergie	Energie
Génétique	Genetik
Hôpital	Krankenhaus
Hygiène	Hygiene
Infection	Infektion
Maladie	Krankheit
Massage	Massage
Nutrition	Ernährung
Poids	Gewicht
Récupération	Recovery
Sain	Gesund
Sang	Blut
Stress	Stress
Vitamine	Vitamin

Science-Fiction
Science Fiction

Atomique	Atomic
Cinéma	Kino
Explosion	Explosion
Extrême	Extrem
Fantastique	Fantastisch
Feu	Feuer
Futuriste	Futuristisch
Galaxie	Galaxie
Illusion	Illusion
Imaginaire	Imaginär
Livres	Bücher
Monde	Welt
Mystérieux	Geheimnisvoll
Oracle	Orakel
Planète	Planet
Réaliste	Realistisch
Robots	Roboter
Scénario	Szenario
Technologie	Technologie
Utopie	Utopie

Sport
Sport

Athlète	Athlet
Capacité	Fähigkeit
Corps	Körper
Cyclisme	Radfahren
Danse	Tanzen
Diète	Diät
Endurance	Ausdauer
Entraîneur	Trainer
Force	Stärke
Jogging	Joggen
Maximiser	Maximieren
Métabolique	Metabolisch
Muscles	Muskel
Nager	Schwimmen
Nutrition	Ernährung
Objectif	Ziel
Os	Knochen
Programme	Programm
Santé	Gesundheit
Sports	Sport

Technologie
Technologie

Affichage	Anzeige
Blog	Blog
Caméra	Kamera
Curseur	Cursor
Données	Daten
Écran	Bildschirm
Fichier	Datei
Internet	Internet
Logiciel	Software
Message	Nachricht
Navigateur	Browser
Numérique	Digital
Octets	Bytes
Ordinateur	Computer
Police	Schriftart
Recherche	Forschung
Sécurité	Sicherheit
Statistiques	Statistik
Virtuel	Virtuell
Virus	Virus

Temps
Zeit

Année	Jahr
Annuel	Jährlich
Après	Nach
Avant	Vor
Bientôt	Bald
Calendrier	Kalender
Décennie	Jahrzehnt
Futur	Zukunft
Heure	Stunde
Hier	Gestern
Horloge	Uhr
Jour	Tag
Maintenant	Jetzt
Matin	Morgen
Midi	Mittag
Minute	Minute
Mois	Monat
Nuit	Nacht
Semaine	Woche
Siècle	Jahrhundert

Types de Cheveux
Haartypen

Argent	Silber
Blanc	Weiss
Blond	Blond
Boucles	Locken
Brillant	Glänzend
Chauve	Kahl
Coloré	Farbig
Court	Kurz
Doux	Weich
Épais	Dick
Frisé	Lockig
Gris	Grau
Long	Lang
Marron	Braun
Mince	Dünn
Noir	Schwarz
Ondulé	Wellig
Sain	Gesund
Sec	Trocken
Tressé	Geflochten

Univers
Universum

Astéroïde	Asteroid
Astronome	Astronom
Astronomie	Astronomie
Atmosphère	Atmosphäre
Ciel	Himmel
Cosmique	Kosmisch
Équateur	Äquator
Galaxie	Galaxie
Hémisphère	Hemisphäre
Horizon	Horizont
Latitude	Breite
Longitude	Längengrad
Lune	Mond
Obscurité	Dunkelheit
Orbite	Orbit
Solaire	Solar
Solstice	Sonnenwende
Télescope	Teleskop
Visible	Sichtbar
Zodiaque	Tierkreis

Vacances #2
Urlaub #2

Aéroport	Flughafen
Camping	Camping
Carte	Karte
Destination	Ziel
Étranger	Ausländer
Hôtel	Hotel
Île	Insel
Loisir	Freizeit
Mer	Meer
Passeport	Pass
Photos	Fotos
Plage	Strand
Restaurant	Restaurant
Taxi	Taxi
Tente	Zelt
Train	Zug
Transport	Transport
Vacances	Urlaub
Visa	Visum
Voyage	Reise

Véhicules
Fahrzeuge

Ambulance	Krankenwagen
Avion	Flugzeug
Bateau	Boot
Bus	Bus
Camion	Lkw
Caravane	Wohnwagen
Ferry	Fähre
Fusée	Rakete
Hélicoptère	Hubschrauber
Métro	U-Bahn
Moteur	Motor
Pneus	Reifen
Radeau	Floss
Scooter	Roller
Sous-Marin	U-Boot
Taxi	Taxi
Tracteur	Traktor
Train	Zug
Vélo	Fahrrad
Voiture	Auto

Vêtements
Kleidung

Bracelet	Armband
Ceinture	Gürtel
Chapeau	Hut
Chaussure	Schuh
Chemise	Hemd
Chemisier	Bluse
Collier	Halskette
Foulard	Schal
Gants	Handschuhe
Jeans	Jeans
Jupe	Rock
Manteau	Mantel
Mode	Mode
Pantalon	Hose
Pull	Pullover
Pyjama	Schlafanzug
Robe	Kleid
Sandales	Sandalen
Tablier	Schürze
Veste	Jacke

Ville
Stadt

Aéroport	Flughafen
Banque	Bank
Bibliothèque	Bibliothek
Boulangerie	Bäckerei
Cinéma	Kino
Clinique	Klinik
École	Schule
Fleuriste	Blumenhändler
Galerie	Galerie
Hôtel	Hotel
Librairie	Buchhandlung
Marché	Markt
Musée	Museum
Pharmacie	Apotheke
Restaurant	Restaurant
Stade	Stadion
Supermarché	Supermarkt
Théâtre	Theater
Université	Universität
Zoo	Zoo

Félicitations

Vous avez réussi !

Nous espérons que vous avez apprécié ce livre autant que nous avons pris plaisir à le concevoir. Nous faisons de notre mieux pour créer des livres de la meilleure qualité possible.
Cette édition est conçue pour permettre un apprentissage intelligent et de qualité en se divertissant !

Vous avez aimé ce livre ?

Une Simple Demande

Nos livres existent grâce aux avis que vous publiez. Pourriez-vous nous aider en laissant un avis maintenant ?

Voici un lien rapide qui vous mènera à votre page d'évaluation de vos commandes :

BestBooksActivity.com/Avis50

CHALLENGE FINAL !

Défi n°1

Êtes-vous prêt pour votre jeu bonus ? Nous les utilisons tout le temps mais ils ne sont pas si faciles à trouver. Voici les **Synonymes** !

Notez 5 mots que vous avez trouvés dans les puzzles notés ci-dessous (n°21, n°36, n°76) et essayez de trouver 2 synonymes pour chaque mot.

Notez 5 Mots du **Puzzle 21**

Mots	Synonyme 1	Synonyme 2

Notez 5 Mots du **Puzzle 36**

Mots	Synonyme 1	Synonyme 2

Notez 5 Mots du **Puzzle 76**

Mots	Synonyme 1	Synonyme 2

Défi n°2

Maintenant que vous vous êtes échauffé, notez 5 mots que vous avez découverts dans les Puzzles n° 9, n° 17, n° 25 et essayez de trouver 2 antonymes pour chaque mot. Combien pouvez-vous en trouver en 20 minutes ?

Notez 5 Mots du **Puzzle 9**

Mots	Antonyme 1	Antonyme 2

Notez 5 Mots du **Puzzle 17**

Mots	Antonyme 1	Antonyme 2

Notez 5 Mots du **Puzzle 25**

Mots	Antonyme 1	Antonyme 2

Défi n°3

Formidable ! Ce défi final n'est rien pour vous.

Prêt pour le dernier défi ? Choisissez 10 mots que vous avez découverts parmi les différents puzzles et notez-les ci-dessous.

1.	6.
2.	7.
3.	8.
4.	9.
5.	10.

Maintenant, composez un texte en pensant à une personne, un animal ou un lieu que vous aimez !

Astuce: Vous pouvez utiliser la dernière page de ce livre comme brouillon !

Votre Composition :

CARNET DE NOTES :

À TRÈS BIENTÔT !

Toute l'équipe

DECOUVREZ DES JEUX GRATUITS

GO

↓

BESTACTIVITYBOOKS.COM/FREEGAMES